La littérature française du XIXe siècle

프랑스 19세기 문학

La littérature française du XIXe siècle

도미니크 랭세

Dominique Rincé

강성욱 / 이준섭 / 황현산 옮김

KOREA UNIVERSITY PRESS
고려대학교 출판문화원

LA LITTÉRATURE FRANÇAISE
DU XIXE SIÈCLE
by Dominique Rincé

차례

서론

고전주의의 **위대한 세기**가 지닌 차분한 위엄과 **철학자들의 세기**의 눈부신 **광명** 뒤에 오는 19세기는 앞의 두 세기보다 훨씬 더 혼란과 이의제기와 탐구의 시대처럼 보인다. 그것은 이 세기의 정치·사회·경제의 역사 또한 갖가지 변화와 혼란을 겪었기 때문이다. 일곱 개의 정치체제와 세 번의 혁명 그리고 두 차례의 외침이 3세대에 걸쳐 계속되고, 그 세대들은 또한 경제체제의 토대가 일신되어 천천히 그러나 착실히 근대 자본주의의 길로—그와 함께 과학과 기술의 열광적인 진보뿐만 아니라 "신분계층" 간의 대결에서 "계급" 간의 대립으로 바뀌는 사회적 제 관계의 악화로서의 모든 문제를 안고—접어드는 것을 보게 된다.

이러한 사회·역사의 비등은 새로운 사상과 주장들

을 수없이 만들어낼 수밖에 없었으나, 이에 대한 진지한 역사적 구명은 여전히 앞으로의 과제로 남아있다. 즉, 데스튀트 드 트라시[이른바 관념학파idéologues의 대표적 철학자, 1754-1836], 루아예-콜라르['교리파敎理派doctrinaires' 정치가·철학자, 1763-1845], 발랑슈[신비사상가, 1776-1847]의 시대에서 일어난 관념학파와 유심론자들의 논쟁, 보날드[군주·가톨릭제도의 옹호자, 정치가, 1754-1840] 혹은 조제프 드 메스트르[절대군주제·교황지상권주의의 철학자. 1753-1821]에서 끝나는 한 시대 사람들의 보수적이며 전통주의적인 선언, 샤토브리앙, 쿠리에[희랍학자·자유주의적 팸플릿 작가. 1772-1825] 혹은 라므네[기독교 사회주의 사상가. 1782-1854]와 같이 최초의 자유주의자가 되고자 한 사람들의 열광적인 도전, 게다가 생-시몽[1760-1825], 푸리에[1772-1837] 그리고 나중엔 프루동[1809-1865]에 의한 사회주의의 최초의 경험.

본래의 의미에서의 문학도 물론 이러한 움직임에 무관할 수는 없었다. 문학은 사실 이 시기 전체를 통하여 그 움직임을 자기 것으로 하려고 했던 것이다. 이 세기를 "로망주의romantisme", "사실주의réalisme", "이상주의idéalisme" 또는 "상징주의symbolisme"라는 멋진 추상적 개념으로 분리된, 서로 뚜렷이 다른 커다란 문학운동으로 나눈다는 것은 이 세기의 삶과 실제 역사에 대한 문학현상의 끊임없는 동화同化를 은폐해 버릴 위험이 있다. 이제부터는 개인의 관점에서도 사회의 관점에서도 매우 불확실한 삶과 역사로 되어가긴 하지만 말이다. 따라서 우리는 명확성을 고려하여 이 세기 문학의 큰 흐름의 줄기를 존중하면서도, 작가 하나하나를 역사의 어떤 세계와 어떤 순간에 직면한 각자의 입장의 독자성에서 파악하려고 노력할 것이다. 이들 작가들은 그들의 재능의 내부와 그들의 언술言述discours의 고독 속에서 그 세계와 그 역사를 어떻게 보았고 어떻게 살았으며, 어떻게 이해하고 기술하였을까? 필요하다면 되풀이 말하기로 하자. 19세기 문학사의 수많은 대*작가들*auteurs은 또한, 위고와 라마르틴도, 졸라와 샤토브리앙도, 한정어限定語 없는 **역사**의 *당사자들*acteurs이기도 했던 것이다. 그들의 갖가지 작품들을 통하여 그들 개개의 기도의 성공이나 실패를 넘어서 밝아오는 우리 근대 세계의 운명 전체가 그 약속과 모순과 함께 우리에게 제시될 것이다.

제1부

로망주의의 반세기

제1장 로망주의의 첫 목소리

로망주의의 위대한 시대 19세기, 특히 그 전반기는 사고思考의 모든 움직임을 명백히 구분하는 여러 단계를 거쳤다. 선구자들과 만물의 시대, 성숙과 걸작의 시기, 그리고 쇠퇴의 황혼기다. 실은 로망주의의 최초의 선구자들, 그 실제의 선도자들은—흔히 "전前 로망주의자"라 불릴 만큼—전前세기의 사람들이다. 사실, 바로 18세기 후반의 새로운 감성—**철학자들**의 당당한 이성이 가르치는 지나치게 엄격 또는 허망한 교훈을 거부하거나 이에 이의를 제기하는 감성—속에 제정시대와 왕정복고 초기의 작가세대를 특징짓게 될 저 새로운 정신의 첫 흔적들을 보아야 하는 것이다. 《라모의 조카》라는 아직 때 이른 저 방랑예술가bohème에게는 벌써 얼마만큼의 로망주의가 있고, 베르나르댕 드 생-피에르와 같은 작가의 이국적이고 은밀하게 관능적인 몽상 속에도 로망주의가 있으며, 《신新엘로이즈》와 《고백》의 루소의 속내 이야기나 물음 혹은 향수 속에는 더욱 완연히 로망주의가 있다. 19세기가 시작되자 로망주의의 길이 벌써 닦여졌으며 그 풍경과 배경들이 소묘되고, 인간의 "마음"에 대한 그 분석의 정밀함과 심한 불안도 벌써 엿보였던 것이다.

그럼에도 불구하고 1800-1820년 사이에 "로망주의의 첫 목소리"라 할 수 있는 사람들의 명백한 기여는 미래의 로망주의 세대 전체의 것이 될 선택과 기본원리와 강박관념을 체계화한다는 점이다. 스낭쿠르, 스탈 부인, 뱅자맹 콩스탕, 혹은 샤토브리앙에게서, 《코린》(1807)와 《델핀》(1802), 《오베르만》(1804), 《아돌프》(1816), 그리고 《르네》(1802)에서 이제 갓 시작되는 이 세기의 모든 특징과 모든 고통이 몇 가지의 현실인식과 약간의 본질적 요구(그것들은 다 **자아**라는 동일한 근원과 동일한 대상을 갖는다)의 표명을 통해 처음으로 명백히 나타난다.

사실 이 작가들 각자와 그들의 작품 각각의 근본적인 특성은 바로 개인의 기본적 독자성에 대한 확고한, 때로는 열광적인 주장이다. 이는 고전주의적 이성의 엄격함이나 철학원리의 교조주의가 흔히 무시했거나 잊어버렸거나 혹은 무의미한 것으로 멀리해 버렸던 것이다. 제정기帝政期의 문학작품—그것은 우선 체제반대자들의 행위이며, 따라서 어떤 "질서"에 대한 항의이다—은 무엇보다 소설이며, 게다가 그 제목들 때문에 마치 이름들의 수집품처럼 후세에 전해졌다. 이러한 소설들은 사실 한 개성의, 스스로 유일하다고 생각하는 한 **자아**의 체험에서 나온 자유로운 이야기 또는 자유로운 고백이라는 모습을 띠고 있기 때문이다. 처음에는 **철학자들**의 사상에 의해 정신이 형성되어, 나중에는 "천계파天啓派들 illuministes"[스베덴보리, 생-마르탱 등 18세기 후반에서 19세기 초반에 걸친 신비주의자들]의 학설에 매료된 스낭쿠르는 이미 그의 주인공 오베르만으로 하여금 개인의 독자적인 체험만이 모든 실천과 모든 창조의 유일한 토대라고 하는 새로운 말을 하게 하고 있다.

> 무슨 일이 있어도 나는 항상 동일하며 항상 나로 남아있어야 한다. 내가 스스로 느끼는 대로, 내가 그렇게 되기를 원하는 대로, 내 침울한 감정의 유일한 은신처인 이 내면생활에서 있는 그대로의 나로 말이다. 나는 나 자신에게 묻고 나를 관찰할 것이며, 본시 진실하고 상냥하지만, 이미 많은 불쾌한 일들 때문에 움츠러들었을지도 모를 이 마음, (…) 내 본래의 모습을 변질시키려 하는 것은

결코 내 속에 간직하지 않기로 결심했을지도 모를 이 마음을 살펴보려고 한다.

그러나 인간이 자기 자신에게 신비·수수께끼로 남아있는 한 어떤 행동을 결정하고 삶에 어떤 의미를 부여한다는 것은 매우 어려운 일이다. 그런데 제정기帝政期 소설가들의 텍스트에 의해 제시된 제2의 역설적인 계시는 이 19세기 초에 있어서 **자아**의 새로운 요구가 고전주의자들의 이성적 정신의 투명성이나 **계몽주의**의 빛나는 확신에 의해 역시 감추어져 있었던 실존적 불안의 재현과 때를 같이하고 있다는 것이다. 이러한 모든 이야기 속에 편재하는 **자아**는 언제나 자신을 탐구하고 자신의 의혹이나 불확실성에 혹은 자신의 욕망에 사로잡혀 깊은 상처를 입는다. 따라서《코린》,《오베르만》,《르네》혹은《아돌프》가 대부분은 자서전적 소설이라는 점에 하등 놀라울 것이 없다. 이들 작품에 있어서 자신을 다시 찾고 자신을 이해하고 그리고 자신을 표현하려고 하는 것은 방황하는 자기 동일성이다. 샤토브리앙의 예는 이 점에서 가장 뜻깊은 것이다. 왜냐하면《무덤 저쪽에서의 회상》이라는 대벽화(그의 말에 의하면 이 책에서 그는 스스로의 운명의 망설임을 불안정한 **역사**의 이야기 속에서 알아차릴 수 있게 함으로써 "자신의 설명할 수 없는 심정을 설명"하려 한다)를 기도하기 전에, 이미 그는 "극화된" 역사에 관하여 고찰한 책《혁명 시론革命試論》(1797)과 특히《르네》에서, "근대" 세계에 태어나 그 세계에 반발하는 개인이 자신의 마음속에 갖는 감미롭고 동시에 위험한 저 이상한 감정, 즉 "정열의 모호성"을 밝히고 이를 몰아내려고 시도한 바 있었기 때문이다. 그는 이렇게 쓰고 있다. "목적도 대상도 없이 자기 자신에게만 행사되며, 젊고 활동적이고 완전하면서도 폐쇄적인 능력이 자아내는 저 정신의 상태를 나는 그리려고 한 것이다." 그 의도와 계획은《아돌프》의 〈서문〉[정확히는《아돌프》제2판의 서문 초안]에서 다음과 같이 썼을 때의 B. 콩스탕에게도 다른 것이 아니었다. "나는 저 피로, 저 불안, 저 힘의 결여, 모든 감정 옆에 속마음을 앉히고, 바로 그 때문에 감정이 생기기만 하면 곧 그 감정을 망가뜨리는 저 끊임없는 분석을 그리려고 했다."

권태, 불만, 무력함, 나르시스적 자기만족, 욕구불만과 남에게 이해되지 않는다는 감정, 이러한 복잡한 감정들을 소설을 씀으로써 분석한다는 것은 고민과 괴로움 없이는 이루어질 수 없는 일이었다. B. 콩스탕이 자신의 주저와 나약함을 "이 세기의 주요한 정신적 병 중의 하나"라 부르는 것과 똑같이 샤토브리앙은 그가 "정열의 모호성"이라 부르는 것을 "세기 병"이라고도 명명한다. 자신의 존재와 정열의 독특함을 주장함으로써 로망주의의 **자아**는 특이성의 가치와 심정의 힘을 두려워해서 이를 거부하는 세계와 사회를 등지는 위험을 무릅쓰기 때문이다. 새로운 "이해타산의 모랄"이라는 가치관의 이름으로 추방되고 질서와 금전의 힘에 의해 거부된 **자아**는 그를 병자로, 아니 천민paria으로까지 만드는 이 사회와의 단절을 통절히 느낀다. 스탈 부인의 두 여주인공 델핀과 코린은 그들 마음속에 뛰어난 정열을 간직하고 있으나 세상의 편견과 사회의 속박을 무시하려고 했기 때문에 둘 다 스스로를 파멸시키고 죽어간다. 마찬가지로 르네는 열렬한 사랑만이 아니라 어지러운 **역사** 속에서 길을 잃은 젊은 세대 전체의 고통을 열광적으로 노래하는 사람이지만, 동포들 한가운데 있으면서도 윤리적으로도 사회적으로도 더 이상 이해할 수 없는 세계에서 숙명적으로 유형자가 되며, 이제 그는 이 세계를 떠날 수밖에 없다.

> 저는 곧 외국 땅에서 그랬던 것보다 제 조국에서 더욱 고독함을 느끼게 되었습니다. 저는 더 이상 제게 아무

말도 하지 않고 제 말을 들어주지도 않는 이 세상에 한 동안 몸을 던져보려 했습니다. 가는 곳마다 공상적인 인물로 취급받고 제가 맡고 있는 역할이 창피하고 점점 사물과 인간들에 진저리가 나서 저는 어느 변두리에 은거하여 세상 사람들에게서 완전히 잊힌 채 살아가기로 결심했습니다.

바로 이 **자아**의 선양에서(그것은 동시에 **자아**의 유배에, 그리고 이상적이긴 하나 확실치 않은 "다른 곳"에의 필연적인 몽상에 이르게 한다), 불안과 고통을 반드시 겪어야만 하는 이 열광 속에서, 자기와 닮지 않은 것은 받아들이지 않는 세계의 고의적인 침묵이나 거부에 끊임없이 부딪치는 이 단독성에의 의지 속에서 19세기 전반의 로망주의의 위대한 체험과 위대한 창조가 이룩되는 것이다.

제2장　　로망주의의 서클·주장·연극

난잡하고 무질서한 로망주의라는 전설과는 달리, 일관성 있고 구조화된 로망파라는 것은 엄밀히 말하여 없었다 할지라도 적어도 몇몇 서클, 의견과 활동의 몇몇 거점들의 한 총체는 있었음을 강조해 둘 필요가 있다. 이들 서클에서 운동의 중요한 주장들이 논의되었고, 큰 계획들이—특히 연극에 관하여—구상되었으며, 대결과 경쟁 속에서 이 세대의 위인들이 비전을 전수받은 것이다. 이러한 서클들과 거기서 토의된 사상들을 우선 살핌으로써 로망주의의 현상에 대한 우리의 접근을 시작해야 할 것이다.

I. 서클과 클럽

본질적으로 **자아**의 감정과 정열을 찬양한다는 사실에도 불구하고 로망주의는 처음에는, 빛나긴 하나 때로 매우 상이한 개성들이 서로 만나게 된 몇몇 팀·서클·클럽 들의 한 총체로서 나타났다. 특히 1830년까지는 이러한 종류의 문학 살롱들이 중요한 역할을 했다. 게다가 그들의 역사는 어째서 이들 살롱이 문학적이라기보다 훨씬 정치적 기준에 의해 왕정복고 시대에 형성되어, 통일의 기미가 보이기 시작하는 1825년까지 한편에서는 "보수파"를, 다른 편에서는 "자유파"를 집결시켰는가를 보여주고 있다. 그런 의미에서 1825년 이전에는 단 하나의 일관성을 지닌 로망주의가 아니라 여러 개의 로망주의가 있었다고 말하는 것이 옳다. 빅토르 위고와 그의 형[정확히는 위고의 두 형]이 《문학 수호자Le Conservateur littéraire》의 깃발 아래 처음으로 몇몇 작가들을 규합한 것은 1820년[이 잡지 자체의 창간은 1819년 12월]이며, 이들 작가는 일 년 후에 "소시에테 데 본-레트르"[보수적인 가톨릭·왕당파의 문학단체]에서도, 이어 1823년에는 매우 활동적인 새 잡지 《프랑스의 시신詩神》의 보다 알찬 그룹에서도 다시 보게 되는 사람들이다. 거기에는 위고를 중심으로 자유주의의 지나침에 대한 불신과 고전주의의 지나침에 대한 고발이라는 점에서 뜻을 같이하는 비니, 마르슬린 데보르드-발모르, 르브룅, 기로, 수메 들이 모이고 있었다. 한편 들레클뤼즈와 스탕달을 선두로 하는 자유주의자들도 무기력하게 있지는 않았다. 1824년 그들은 신문《르 글로브》를 중심으로 뭉치지만, 스탕달, 레뮈자, 생트-뵈브 혹은 메리메가 서명한 이 신문의 충격적인 논문들은 모두《프랑스의 시신》의 편집자들과 아르스날 도서관 살롱[아르스날 도서관 관장 노디에가 관내에 거주하면서 연 살롱]의 경박한 단골 손님들에 대한 반박이다. 위고와 샤를 노디에는 1824년 이 살롱에 그들의 새로운 동조자들, 즉 시인으로 라마르틴, 네르발, 고티에, 소설가로 뒤마와 발자크, 예술가로 다비드 당제와 들라크루아를 규합했던 것이다.

그러나 1825년, "거룩한" 샤토브리앙과 **스승** 위고가 자유주의에 기울어짐으로써 이 두 파는 서로 접근하지 않을 수 없게 된다. 게다가 이 접근은 아카데미와 그 외의 "고대파"들의 점점 커가는 공격에 대한 공통된 증오에 의해 조장되며 이 공격은 그들에 대항하는 로망주의적 "현대파"의 모든 원기를 동원케 한다. 1827년 위고의 지도 아래 예의 **세나클**[결사結社 · 동지회 · 서클 등의 뜻]이 결성된 것은 드디어 찾게 된 타협의 표시이며, 이 타협은 1830년 이 그룹이 해산될 때까지 계속될 것이다. 운동의 중요한 주장들이 토의되고 문학적 코스모폴리티슴의 대도약大跳躍 속에 셰익스피어, 월터 스콧, 바이런, 칸트, 괴테 혹은 실러가 발굴되며, 드디어 로망주의의 이의제기·혁신의 "정신"이 정의되었던 것은 노트르-담-데-샹 가街의 그 유명한 아파트[위고의 집]에서이다. 두 날짜가 이 열광적인 3년간의 정점을 가리키고 있다. 즉, 위고에 의해 그의 희곡 〈크롬웰〉의 서문이 낭독된 1827년과 그 유명한 〈에르나니〉 전투의 1830년이다. 사실 새로운 문학의 이론적 바탕은 연극에 관한 문제를 중심으로 가장 명백히 표명되었다고 할 수 있다.

II. 로망주의 연극

고전주의 연극은 그 갖가지 규칙과 기법상의 요구와 윤리상의 관습 때문에 젊은 로망주의자들의 눈에는 꼭 쳐부숴야 할 문학작품의 어떤 간판 노릇을 가장 철저하게 떠맡고 있는 것으로 비치고 있었다. 비극의 구조는 아무리 완벽하다 할지라도 다른 시대의 형식이라고 이를 거부하고, 셰익스피어 극의 자유로움을 본받아(뱅자맹 콩스탕, 르브룅, 비니가 그 "번안"을 내놓았다) 새로운 세대의 작가들은 이에 대한 신랄한 공격을 가하게 된다. 그 가운데 가장 과격한 것이 《라신과 셰익스피어》에서의 스탕달의 경우이며, 여기서는 현대의 재능에 운문극보다 더 적합한 산문극에 의존할 것을 강력히 권하기에 이른다. 그러나 가장 유명한 것은 물론 위고의 방대한 〈크롬웰〉 서문에서의 그것이며, 거기서 제시되는 세 가지 주요 개념, 즉 **전체성**, **자유** 그리고 **변용**은 이의를 제기하는 극작법이 지니는 의미 전체를 규정하고 있다.

1. 전체성 고전주의 연극의 한정된 장면이나 뉘앙스 없는 유형화에 반대하여 로망주의의 드라마는 사물·인간·역사의 현실에 대한 전체적 묘사가 되고자 한다. "자연"이 우리에게 선하고 동시에 악하게, 그로테스크하고 동시에 숭고하게 보이는것과 마찬가지로 *드라마*는 종합적인 연극 형식으로서 이런 이중의 요구를 표현할 의무가 있다. 따라서 그것은 비극인 동시에 희극일 것이며, 틀에 박힌 멜로드라마뿐만 아니라 **우주의 삼라만상**의 시적 표현(다시말해서 조절된 미적 재창조)이 될 것이다. 위고는 이렇게 쓴다.

> 현대의 드라마는 자연과 마찬가지로 그 작품 속에 그늘과 빛을, 그로테스크와 숭고함을, 바꿔 말하면 육체와 영혼, 야수성과 정신을, 혼동하지 않고 결합하기 시작

할 것이다.

주인공의 차원에서는 스페인의 귀인이면서도 천한 광대인《뤼 블라스》의 동 세자르, 혹은 비참한 방탕아이며, 탁월한 재능인인 뮈세의 로렌조[《로렌자치오》의 주인공]는 "갖가지 톤과 장르를 혼합"하려는 의도 중에서 가장 성공적인 표현일 것이다.

2. 자유 전체적 문학인 연극은 또한 자유의 문학이기도 함을 스스로 분명히 밝히게 될 것이다. 이는 무엇보다 "진실임직함"에 바탕을 두고자 한 3일치三一致의 고전주의 이론의 포기를 뜻하는 것이었다. 그런데 위고가 우선 단일 장소의 속박을 강력하고 익살스럽게 공격한 것은 바로 이 진실임직함이라는 이름에서이다.

이보다 더 진실임직함에 어긋나는 것이 있을까? 바로 여기서부터, 대기실이나 네거리에서 일어나기에는 너무나 독특하고 너무나 내밀하며 너무나 지방적인 것은 모두, 다시 말해서 드라마의 모든 것은 무대 뒤에서 일어난다는 결과가 생기는 것이다! 말하자면 우리가 무대 위에서 보는 것은 전개되어 가는 줄거리의 팔꿈치뿐이며, 그 손은 다른 곳에 있는 것이다. 우리는 장면 대신에 이야기를, 광경 대신에 서술을 듣게 되는 것이다!

시간의 단일성에 대해서도 같은 혹평을 가한다. "어떠한 줄거리의 전개에도 그에 특유한 장소와 마찬가지로 그에 고유한 시간이 있는 법이다. 모든 사건에 똑같은 양의 시간을 투입하다니! (…) 어떤 발에나 똑같은 구두를 신기려는 구두장이가 있다면 사람들의 웃음거리밖에 되지 않을 것이다!" 공간과 시간의 제약으로부터 해방되었을 때 줄거리의 전개 그 자체가 드라마로서의 충족 속에 꽃필 수밖에 없었다. 또한 위고가 단검短劍과 장검長劍을 다시 무대에 올리기 위해 동작상의 관습의 포기도 주장했음을 부언한다면, 〈에르나니〉와 같이 화려하고 줄거리에 통일성이 없는 작품이 1830년에 상연됨으로써 "고대파"들에게 실제로 불러일으킬 수 있었던 스캔들이 얼마나 큰 것이었는지를 더욱 잘 짐작하게 된다. 그러나 연극 내용의 해방자 위고가 연극의 언술 자체에 대해서는 그와 같은 해방을 원치 않았음을, 혹은 감행하지 않았음을 여기서 강조해 두자. 그가 무미건조한 긴 대사를 추방하고 시에서와 마찬가지로 단조로운 12음절시구alexandrin를 몰아냈다 하더라도 결코 그는 운문과 각운을 포기하지 않았다.《클라라 가절 희곡집》에서 메리메가 쓴 제멋대로의 작품들을 제외한다면, 모든 로망주의 대작가들 가운데 오직 뮈세만이《로렌자치오》에서, 스탕달이 요구한 것과 같은 "해방된" 대산문극을 쓸 수 있었음을 인정하지 않을 수 없는 것이다.

3. 변용 끝으로 마지막 요구. 위고의 견해로는 연극이란 하나의 창조 행위에 있어서 **자연**과 **자아**의 개화開花여야 한다. 극작가의 작품 속에서 그리고 그 작품에 의해서 사물의 의미심장한 진정한 변용이 이루어져야 하는 것이다. 이제는 "규칙도 본보기도" 없기 때문에 창조의 원리는 따라서 광대한 **자연**과 **역사** 속에서 세부와 사실들을 펴내는 작가의 **선택**의 원리로 될 것이며, 이 세부와 사실들은 문체와 시의 모든 힘에 의해 다듬어짐으로써 그 광대한 **자연**과 **역사**를 더없이 잘 "계시하게 될" 것이다. 위고는 이렇게 쓴다. "사물은 극작가의 요술방망이에 따라 자연 전체가 비쳐 보이는 저 거울이 된다."

III. 로망주의의 주장과 신념

연극에 관한 이들 커다란 세 가지 요구는 사실 문학창조에 관한 로망주의자들의 모든 태도 결정의 배경에 광범하게 나타난다. 그들이 생각하는 바의 작품이란 항상 전체적이고 해방된 것이면서 또한 해방하는 것이며, 게다가 "이곳"을 변용하여 "다른 곳"을 투시하는 것이다.

전체성이라는 근본적 요구가 아마도 모든 분야에 있어서 로망주의자의 창조의 놀랄 만한 분량을 설명할 것이다. 예술 분야에서 고전주의가 강요한 금지와 제한들을 거부하거나 위반하면서, 로망주의적 창조자는 우선 스스로의 창조성을 발휘할 수 있는 기반인 현실의 광대한 세계와 대면하게 된다. 바로 이 점이 1822년에 위고가 시적 공간에 대해 상기시킨 것이다. "시의 영역은 무한하다. (…) 시란 만물 속에 있는 모든 내면적인 것이다." 종교적, 윤리적 혹은 미학상의 모든 속박으로부터 영감을 해방시킴으로써 로망주의자들은 그때까지 추방되었던 것, 즉 고백하기 어려운 정념, 흉악한 모습을 지닌 것, 이국적 내지 "신기한" 배경, 필설로 다 할 수 없는 반항 등에 문학공간을 개방하는 것이다. 그러나 한편, 개인·자연·**역사**에서의 모든 것이 창조자에게 제공되는 한("모든 것이 주제이며, 모든 것이 예술의 영역에 속한다. 모든 것이 시에서 시민권을 갖는다"라고 위고는 다시 《동방시집》의 〈서문〉에서 쓰고 있다), 말parole이라는 진정한 요구가 그를 짓

누른다. 그는 모든 것을 말하고 모든 것을 써야만 하게 될 것이다. 뒤에서 보게 되듯이 서사시(운문 형식이거나 소설로 탈바꿈되었거나 간에)에 대한 로망파의 취향은 아마도 자기를 완전히 실현시켜 줄 장르와 톤을 찾는 이 요구의 무게에 의해 설명될 것이다. 모든 것을 다 이야기할 수는 없는 대신, 로망주의 창조자는 스스로의 주관의 선택이 명하는 것을 완전히 자유롭게 이야기하려고 노력할 것이다. 그에게는 영감의 "충동"의 풍부함에 대해 형식의 속박이 강요되어서는 결코 안 되는 것이며, 형식 면의 노력은 오히려 감동의 진실성과 언술의 독창성과의 적절한 일치를 탐구하는 데 그치게 될 것이다.

그러나 완전히 자유롭게 쓴다는 것은 또한 자유를 위해서 쓴다는 것을 의미한다. 위고는 이렇게 쓰고 있다.

> 예술에 있어서의 자유, 사회에 있어서의 자유, 이것은 바로 합리적이며 논리적인 모든 정신이 보조를 맞추어 지향해야 할 이중의 목적이다. (…) 문학의 자유는 정치적 자유의 딸이다.

개인주의적이며 이기주의적인 로망주의자들의 이미지와는 반대로, 뮈세와 같은 드문 예외를 제외하면, 그들이 스스로의 작품에서 획득할 수 있는 자유가 또 하나의 해방에, 말할 줄 모르거나 말할 수 없는 사람들의 해방에, 스탈 부인이 벌써 1800년에 말하였듯이 "표현이 부족하고 표현을 찾아내는 데 익숙지 못한" 사람들의 해방에 도움이 되어야 한다는 신념을 얼마나 지니고 있었는가를 여기서 다시 상기해 둘 필요가 있다. 이러한 "전도사적" 고결함은 웃음을 자아내게 할 수도 있다. 어쨌든 그것은 규칙의 압제에 대한 로망파의 투쟁이 개인의 인간성의 해방만을 목적으로 한 것이 아니라 훨씬 더 본질적인 또 하나의 해방과 또 하나의 압제 타도의 전제조건으로서 전개되었음을 분명히 보여주고 있는 것이다.

전체적이며, 해방되고 또한 해방하는 로망주의 작품은 끝으로 변용적이며 환시적幻詩的이고자 한다. 이국취향이나 회화적인 것에의 호소는 세계의 현실에 향해진 새로운 시선의 표시였다. 그러나 이러한 로망주의 작품은 아무리 그 시선이 새롭고 대담한 것이라 하더라도 단순한 시선이 아니라 환시vision이기도 한 것이다. 그것은 단순히 어느 광경이나 그림을 보여주는 것이 아니라 어떤 "투시력voyance"의 수단이기도 하다. 이 말의 엄격한 의미에서 우리는 이 "투시력"을 〈가장 새로운 말

Novissima Verba〉의 라마르틴, 《어둠의 입…》의 위고, 혹은 《환상》의 네르발과 같이, 보들레르와 그 후계자들보다 먼저 **다른 곳**과 **피안**의 신비를 예감하는 시인들에게서 자주 확인하게 될 것이다. 그러나 보다 일반적으로 모든 로망주의자들은 작품의, 그리고 생트-뵈브가 말하는 저 "미지의 것에 대한 크나큰 욕구"를 만족시켜 줄 수 있는 그 상징적 언어활동의 마력을 직감하고 있었다. 모두가 (역사, 희곡, 시 혹은 소설의) 글쓰기écriture의 실천으로 단지 어떤 하나의 현실만을 표현하는 것이 아니라 바로 자기들 말parole의 깊은 내면을 통해서 (신의, 신화의, 우주의, 역사의) 위대한 힘의 존재를 "보여줄" 수 있다고 분명히 느끼고 있었던 것이다. 전도사인 로망주의 창조자는 또한 그 말이 말하고 있는 듯이 보이는 것보다 언제나 더 이상의 것을 뜻하는 예언자와 비슷하다. 의식의 내적 고독으로 배양되면서도 항상 **역사**와 세계의 온갖 목소리를 받아들일 수 있는 이 말과, 단연 독창적이면서도 또한 "본질적인" 성격의 메시지를 전달하는 이 언술이 우리가 지금부터 살펴려고 하는 위대한 로망주의 문학 전체에 물을 주고 있는 것이다.

제3장 로망주의 시인들의 세대(1820-1850)

1820-1850년의 로망주의 세대는 무엇보다 우선 로망주의 시인들의 그것이다. 로망주의가 조금도 없는 시는 없으나, 로망주의자이면서 또한 시인이 아닌 사람도 없었다. 어떤 의미에서는 시야말로 로망주의의 생명이었다. 그만큼 왕정복고 시대와 7월왕정기의 작가들에게 있어서 문학적 자각은 한결같이 우선 시적 자각이었으며, 이 시적 자각도 다른 모든 장르보다 바로 시 속에 문학 표현의 재생을 위해 선택된 땅이 있다는 확신에 그 근거를 둔 것이다.

로망주의의 어떠한 실험과도 같이 이 세대의 시도 적어도 부분적으로는 기법상의 구속으로 예술의 자유를 희생시켰다고 비난받을 고전주의 결함에 대한 반발에서 태어나게 된다. 프랑스 로망주의의 어떠한 기도와도 같이 이 세대의 시도 역시 실러, 노발리스, 횔덜린 혹은 영, 오시안, 번스, 그리고 바이런, 키츠와 같은 여러 본보기, 특히 앵글로-색슨계의 본보기를 갖게 될 것이다. 그러나, 이와 같이 과거의 본보기를 참고는 하되 거부하고 또 새로운 선도자의 예를 들어 이를 높이 칭찬하지만, **말**Verbe이 이야기시켜야 할 **존재**의 저 독창적이며 근원적인 깊이의 가장 진정한 이미지를 제공하게 되는 것은 바로 이 세대의 시이며, 또한 우리가 이미 언급한 "내면성"의 가장 충실한 번역자로 되는 것도 이 세대의 시이다.

그런데 기묘하게도 그 의도의 독창성은 형식에서의 혁신을 수반하고 있지 않다. 대개의 경우 그 동지들의 형식상의 대담성도 위고가 "저 터무니없는 12음절시구의 해체"라고 부른 것과 걸맞은 정도에 지나지 않게 될 것이다. 로망주의 시의 운율, 시절, 각운도식은 드문 예외를 제외하고 전통의 그것들과 다름이 없게 될 것이다. 사실 가장 큰 혁신이 나타나는 것은 특히 시라는 피륙의 진정한 섬유인 이미지를 다루는 작업에서이다. 이미지는 그 구상적인 힘, 그 암시력, 그리고 언술 구조에서의 그 역학적인 효과에 의해 라마르틴, 위고 혹은 네르발에게는 일찍이 작가와 그의 독자 사이에 하나의 공감대를 창조하려는 시법의 이상적 수단으로 보이게 될 것이다.

시의 여러 장르에 대한 로망주의의 견해 또는 혁명적인 것은 결여되어 있다. 애가조의 소네트sonnet나, 사적 내지 풍자적인 서한시나, 역사적 내지 철학적인 서사시는 다 마찬가지로 이 세대의 시인들에게서 우리가 다시 보게 되는 전통적인 장르들이다. 그러나 그들에게서 서정시의 장르가 물론 주된 역할을 했으며, 스탈 부인은 이미 《문학론》의 한 부분에서 이 점을 예측하고 있었다. 부인은 이 장르가 주관을 표출할 필요와 시대의 신조에 완전히 일치하고 있음을 보여준 것이다.

> 서정시는 작가 자신의 이름으로 표현된다. 작가는 이미 어떤 작중인물 속에 자리 잡는 것이 아니라, 자신이 사로잡혀 있는 갖가지 마음의 움직임을 바로 자기 자신 속에서 발견하는 것이다. (…) 서정시의 진정한 위대성을 이해하기 위해서는 몽상에 의해 천계天界의 에테르 층을 방황하여, 지상의 소음을 잊고 천상의 해조에 귀를 기울이며, 우주 전체를 영혼의 감동의 한 상징으로 간주해야 한다.

"전도사적" 정신과도, 예언이나 투시력과도 모순되지 않는 이 언어의 내적이며 "몽상적"인 실천 속에서 우리는 이제 이 시기의 주요 시인들을 대해야 하는 것이다.

I. 라마르틴(1790-1869)

완전한 로망주의 시대가 시작되었다고는 할 수 없지만, 라마르틴의 《명상시집》의 간행을 본 1820년 3월 13일은 분명히 위대한 로망주의 시의 시대를 여는 날이다. 라마르틴 자신도 영감을 받은 선도자로서의 역할에 대해 모르는 바 아니었다. 그는 이렇게 썼다. "나는 시를 파르나스 산에서 끌어내리고, 사람들이 **시의 여신**이라 불렀던 것에 (…) 인간의 심금 그 자체를 부여한 최초의 사람이다." 이와 같은 선언은 후세의 눈에 그를 단순한 서정과 순전히 애가의 시인으로 비치게 할 것이다. 그러나 사학자이자 정치가이며, 또한 그 개인 감정을 노래한 매혹적인 시에서도 신비적이며 사회적인 풍부한 성찰을 숨길 수 없는 사람에게 이 얼마나 부당한 일인가!

물론 《명상시집》 혹은 《신新명상시집》(1823)은 병과 죽음에 의해 찢겨진 정열의 고통으로 짜인 시집들이며, 후세의 사람들이 너무나 자주 이를 로망주의 전체와 동일시하게 될 저 개인적 서정의 특징들을 모두 지니고 있다. 그의 연인 엘비르Elvire를 앗아가는 냉혹한 시간의 흐름에 시달려 시인은 덧없는 **운명**에 멍든 스스로의 **자아**의 잔해를 영원한 **자연**에 맡긴다.

> 나는 너무 보았다, 너무 느꼈다, 너무 사랑했다, 내 인생
> [에서.
> 나는 살아서 저 레테 강의 정적을 찾으러 왔다.
> 아름다운 곳이여, 나를 위해 망각의 물가가 되어다오.
> 망각만이 이제는 나의 지복.
>
> —〈골짜기〉

위대한 위안자인 자연은 이와 같이 라마르틴에게 있어서 시적 공간을 다시 완전히 점유한다. 그런데 이 시적 공간이란 이미 "마음"에 느껴지는 보다 높은 차원의 힘의 흔적을 자연 속에서 끊임없이 지켜보는 자에 의해 구성되는 것이다.

> 신은 자신을 알아보도록 지혜를 창조하였으니,
> 마침내 자연 속에 그 조물주를 발견하여라!
> 한 목소리 침묵 속에서 정신에게 말하노니,
> 그 누가 가슴 속에서 이 목소리 듣지 못했는가?
>
> —〈골짜기〉

《시적·종교적 해조諧調》(1830)의 48편의 시는 "신에게로 올라가기 위한" 48단계로서 의식의 모든 불안과 모든 절망을 위로하는 데 꼭 필요한 저 영혼의 신비로운 탐구를 심화시키고 있다. 그러나 라마르틴의 신앙과 형이상학의 문제는 간단치 않다. 철학과 관습에 있어서 아직 18세기를 숨 쉬고 있는 이 사람에게는 어떤 종교 감정이 있으나, 그것은 엄격한 기독교보다는 계몽시대의 이신론적 동경에 가깝다. 천지만물의 도처에서 명시되며 찬양되는 **신**의 존재는 계시되기는 하나 인식되지는 않으며, 무한한 것으로 받아들이게 하면서도 언제나 인간의 명상의 유한성에서 벗어나기 마련이다(〈떡갈나무〉). 그러나 종교는 이 시인에게 있어서 유토피아를 의미하지 않는다. **거룩함**을 이해하려다 기진한다 하더라도(그는 〈가장 새로운 말〉에서 "내가 숭배하는 대상을 무엇이라 불러야 할지 모르는 것이 죽도록 괴롭다"라고 쓴다), 라마르틴은 신이란 무엇보다 먼저 섭리이고, 인류의 본원적인 인도자이며, 따라서 종교는 민중에게 필요한 것이라는 확신을 잃지 않는다. 《조슬랭》(1836)의 방대한 서사시의 기도企圖(여기서 사람들은 라므네적 정신에 합치한 "사회적 기독교"의 소묘를 볼 수 있었다)는 바로 이러한 확신의 증거다. 이 작품에서 두 주인공 조슬랭과 로랑스의 애정의 여정이자 동시에 영적인 여정은 인류 전체의 서사시의 상징으로 읽힐 수 있도록 제시되어 있으며, 인류는 오직 미덕에 의한 희생, 고통에 의한 속죄, 또한 더욱 확실하고 "자연스럽게"는 "세계의 성스러운 법도"인 노동(〈농부들〉의 에피소드 참조)의 수고를 통해서만이 신성神性의 완전성에 도달할 수 있는 것이다.

사실 《조슬랭》을 읽어보면 라마르틴에게서 시인으로서의 글쓰기가 사상가로서의 성찰과 정치인으로서의 사회 참여와 얼마나 불가분한가를 알게 된다. 〈시의 운명〉(1834)에 관한 그의 논설은 벌써 이 점을 소리 높이 주장하고 있었다. "시는 우리가 서정적이라는 이 말을 이해하고 있는 의미에서는 더 이상 서정적인 것이 되지 않으리라. (…) 시는 철학적 · 종교적 · 정치적 · 사회적인 것이 되리라. (…) 시는 민중적인 것이 되려 하고 있으며, 종교나 이성이나 철학처럼 대중적인 것이 되려 하고 있다." 〈펠릭스 기유마르데에게 보내는 서간시〉(1837)는 시인으로 하여금 한층 더 사회 참여에 파고들게 하여 스스로의 마음의 고민을 노래하는 시인이 되기를 그만두고 모든 "말 없는 자들"의 대변자가 되도록 권하게 된다. 따라서 이 진짜 정통 왕조주의자가 자유주의자로 되고, 이 열렬한 질서 옹호자가 민주주의와 사회정의를 확신하게 되어, 제 국민의 불가역의 진보에 대한 전적인 신뢰와 스스로 이 전진을 인도하려는 결의가 명백히 나타나는 "사회 참여적" 장르와 주제들을 시도하는 것을 보고도 놀랄 필요는 없는 것이다. 이러한 의미에서 〈혁명에 관한 오드〉(1831) 혹은 〈평화의 라마르세예즈〉(1841)를 읽지 않으면 그의 《지롱드당사黨史》(1847)를 잘 이해할 수 없다.

역사와 민중은 불행히도 그의 기대에 별로 부응하지 않았다. 환멸을 맛보고, 만년에는 초라한 생활을 보내야 했던 라마르틴은 그러나 마지막 시편들 중의 하나인 〈포도밭과 집〉(1857)에서 초기 시의 서정적 숨결과 진정한 감동을 되찾았다. 사실, 종교적, 정치적 또는 사회적 영감도 결코 이러한 것들을 억눌러 버리지는 않았던 것이다. 아마도 그의 감동의 모든 섬세함과 기법의 모든 우아함이 더없이 완전히 발휘되어 있는 것은 바로 이 기념할 훌륭한 노래에서, 노인의 명상과 관조의 강렬하고 연극적인 이 표현 속에서일 것이다. 경쾌하고 선율적이며, 은은하면서 맑고, 운율 구분이 정묘하며, 놀랄 만큼 정확하고 회화적인 이 **영혼**과 **자아**의 본질적인 대화가 끊임없이 놀랍도록 유창하게 흘러간다.

수많은 합주로 너의 탄생을 환영한 나,
축제의 노래와 희망의 노래로
그 새로운 삶에로 너를 깨운 나,
네 마음의 한숨 하나하나를 노래로 만든 나,
너는 원하느냐, 졸고 있는 내 하프에 줄을 갈아 달고,
밤 새우는 사울 옆에 앉은 다윗처럼,
　내 다시 노래 불러 널 잠재워 주길?

후세는 사랑하기 위해서건 헐뜯기 위해서건 이 한숨의 시, 하지만 영감의 숨결이 없지는 않았던 이 시를 특히 기억하게 될 것이다. 그러나 라마르틴 자신이 이미 1849년 《명상시집》 신판의 서문에서 다음과 같이 씀으로써 한 인간의 고독한 지껄임 이외에 아무것도 아닐 시라는 저 신화를 꾸며내는 데 스스로 공헌했었다는 것은 분명한 사실이다.

> 나는 더 이상 누구도 모방하지 않으며, 내 자신을 위해 내 스스로 나를 표현했다. 그것은 이미 예술이 아니라 자신의 흐느낌으로 스스로를 달래는 내 자신의 마음의 위안이었다. (…) 이 시구들은 영혼의 신음, 혹은 그 외침이었다. 나는 그 외침, 혹은 신음에 운율을 붙인 것이다.

Ⅱ. 뮈세(1810-1857)

로망주의의 이단자, 변덕스럽고 엉뚱한 당디, 알프레드 드 뮈세는 시에 있어서 라마르틴의 진지함도 끈기도 전혀 갖추지 않았다. 안이함과 과장된 표현들을 함께 지닌 그의 운문 작품은 이렇게 해서 예민한 소설가(《어느 탕아의 고백》), 그리고 섬세한 또는 힘찬 극작가(《마리안의 변덕》, 《로렌자치오》)로서의 작품 뒤로 자주 밀리고 만다. 그러나 이 방자하고 "음란한" 시 작품 속에 로망주의적 개인의 드라마의 의미가 아마도 가장 잘 나타나고 있는 것이다.

조숙한 천재 뮈세는 18세기가 되기도 전에 노트르-담-데-샹 가街의 세나클에서 위고에게 소개되어, 그 타고난 모든 발랄함으로, 또한 **스승**[위고]의 그것처럼 동방 혹은 이탈리아의 이국정취를 풍기는 첫 시집(《스페인과 이탈리아 이야기》, 1830)의 온갖 독특한 풍취로 이 세나클을 즐겁게 한다. 그러나 이 젊은이의 괴상함은 곧 세나클의 분위기에 별로 만족하지 않게 된다. 시인의 펜과 재치에 의한 유회旋回pirouettes나 장난의 저변에는 고독 속에서만 표출될 수 있는 근본적인 불안이 있기 때문이다. 1831년 뮈세는 몇 가지 이론적·사상적 대립(그는 사회적 내지 정치적 시를 거부하고 문학의 일정한 고전주의를 되살릴 것을 주장한다)을 구실로 삼아 옛 친구들과 절교한다. 사실 오래전부터 그는 시적 행위란 심금과 마음의 충동 이외의 어떤 곳에도 기반을 둘 수 없다는 확신을 갖고 있는 것이다. 같은 해 그는 형에게 이렇게 써 보낸다.

> 예술가나 시인에게 필요한 것은 감동입니다. 한 줄의 시구를 쓰면서 내가 스스로 알고 있는 심장의 어떤 고동을 느낄 때, 그 한 줄의 시구는 내가 낳을 수 있는 가장 양질의 것이라고 확신합니다.

그런데 뮈세의 심금에는 충동도 내적 분열도 결여되어 있지 않다. 즉, 삶의 요구들과 양립시킬 수는 없게 보이는 **미덕**에의 열광적인 갈구, **악**의 현실에 의하여 끊임없이 방해를 받는 **선**에의 강렬한 욕구, 이것이 〈롤라〉(1833)의 절망적이고 냉혹하도록 명석한 이야기의 드라마이며, 이에 〈뤼시〉(1835)의 보다 고요하고 보다 청순한 노래가 메아리치면서 시적 언어 자체의 어떤 진정 속에서 마음의 청명함을 느끼게 한다. 그러나 곧 조르주 상드와의 불행한 관계(1833-1835)가 그 내적 드라마를 다시금 불러일으켜, 그 후 오랫동안 시인의 가슴에 "크나큰 고통"을 정착시키려 하고 있었다. 순수한 서정의 차원에서 로망주의의 가장 훌륭한 작품 중의 하나인《밤》(1835년 봄에서 1837년 가을에 이르는 진정한 정념의 연대기)은 바로 이 고통, 다른 몇몇의 애정의 좌절로 더욱 되살아나게 되는 이 고통에 의해 배양된 것이다. 영[Edward Young, 1683-1765. 영국 시인. 대표 시집 *The Complaint, or Night-Thought on Life, Death and Immortality*(1742-1745)]을 본 따서 뮈세는 자기 심정의 진동하는 간헐間歇에 대한 긴 이야기를 네 편의 시(〈5월의 밤〉, 〈12월의 밤〉, 〈8월의 밤〉, 〈10월의 밤〉)로 털어놓고, 로망주의 시가 정념의 고통스런 토로와 결합되는 그 특권적인 관계에 대한 주목할 증언을 후세에 남기고 있다. 점잖음이나 자제 따위에는 개의치 않은 채 이 서정적인 글은 바로 흐느낌으로 되고, 또한 여기서는 삶이 라마르틴(뮈세는 1836년 감탄에 찬 〈라마르틴에게 보내는 편지Lettre à Lamartine〉[정확히는 〈드 라마르틴 씨에게 보내는 편지Lettre à M. de Lamartine〉]를 이 시인에게 바친 바 있다)에게서보다 한층 더 그 극적인 강렬함을 다하면서 실제로 또 진지하게 말과 시구로 되어있는 것이다.

어이 내 가슴은 이리 빨리 뛰는가?
도대체 내 안에 그 무엇이 소란을 피워
나를 이다지도 두렵게 하는가?

(…)

강력하신 신이여! 내 온몸이 떨립니다.

누가 오는가? 누가 날 부르는가? — 아무도.

나는 혼자. 시간을 알리는 종이 울린다.

오 고독이여! 오 가난함이여!

—〈5월의 밤〉

그러나 물론 언어에서의 이러한 감정의 완전한 해방이 뮈세를 너무나 자주 수다스럽고 지루한 미사여구로 이끌고 있는 것은 사실이다. 라마르틴에게서는 솜씨 좋은 자재로움에 불과했던 것이 그에게는 때때로 기교에 대한 무관심과 끝없는 능변 속에서의 자기만족으로 되어버린다. 〈10월의 밤〉에서 **재생**의 희망에도 불구하고, 뮈세에게는 윤리적 회복도 시적 부흥도 생기지 않을 것이다. 조숙한 시인이었던 그는 이미 자기에게 맞지 않는 이 세상을 일찍 떠날 것이다. 그에게서, 그의 인생에도 시에도 흔적이 새겨진 그 본질적인 우유부단을 사랑하는 사람들은 아마도 테아트르-프랑세 극장에서의 "잃어버린 저녁"에 관한 매력적인 시[〈잃어버린 저녁〉, 1840]나 〈슬픔〉(1840)의 조심스러운 환기를 즐겨 기억에 남기려 할 것이다. 이 〈슬픔〉은 그 어조에 의해 〈묘비명〉의 네르발을, 또는 《지혜》의 몇몇 시편들의 베를렌을 예고하지 않을 리 없다.

나는 잃었다. 내 힘과 삶을
그리고 내 친구들과 쾌활함을.
나는 잃었다. 긍지마저,
그것이 내 천재를 믿게 했었는데.
(…)
— 이 세상에서 내게 남은 유일한 재산은
때때로 눈물을 흘렸다는 것뿐.

Ⅲ. 비니(1797-1863)

알프레드 드 비니의 생애와 문학적 경력은 뮈세의 변덕스런 독창성과 맞서서 로망주의의 가장 풍부하고 가장 일관성 있는 행적의 하나처럼 보인다. 동시대인의 어느 누구보다도 그는 회의와 실망의 인간이었다. 시기와 경멸을 받은 학생, 절망에 빠진 군인, 꿈과 사상을 우롱당한 사색가·정치인, 인정받지 못한 혹은 사랑받지 못한 문인, 배반당하고 후에 버림받은 애인 비니가 이토록 실망에 찬 인생의 우여곡절을 시 작품 속에 표현하려고 한 것은 매우 당연한 일이었다. 그는 소설가(《스텔로》, 1832; 《군대의 굴종과 위대함》, 1835) · 극작가(《채터튼》, 1835)이기도 했으나, 무엇보다 힘과 엄격함의 시인이었으며, 그의 시 작품은 "철학자"의 정신과 의식에 의해 인간의 마음의 환멸을 극복하기 위한 부단한 노력처럼보인다.

물론 시인으로서의 비니도—1826년에 간행된 첫 시집《고대 · 근대 시집》[비니의 첫시집은 정확히는 1822년의《시집Poèmes》]의 텍스트들이 나타내고 있듯이—회의론자, 나아가서 염세가로 보인다. 그의 〈엘로아〉는 유혹의 고통에 내맡겨진 인간의 절망을 외치며, 그의 〈모세〉는 더 이상 이해할 수 없게 된 신과 마주 대한 인간의 드라마를 모두 보여주고 있다. 그러나 이들 텍스트는 아무리 절망적이라 하더라도 막막한 개인을 전설 내지 **역사**의 위로와 구제의 차원 속에 끌어들이는 힘을 이미 본질적으로 갖추고 있다. 비니는 그의 모세에 대하여 다음과 같이 분명히 말한다. "이 위대한 이름은 모든 세기의, 고대라기보다는 현대의 한 인간, 즉 재능 있는 인간에게 가면의 구실을 하고 있을 따름이다." 모든 환멸과 개인적 원한들을 스스로 "서사시"라 부르는 작품 속에 통합하여, 이 작가는 시적 언술의 밀도와 엄격함에 의해 그것들을 극복하는 것이다.

이렇게 해서 끔찍한 1837년(이 해에 그는 어머니를 여의고, 세나클의 옛 친구들과 절교하며, 변덕스런 애인 마리 도르발이 멀어져 감을 보게 된다) 이후, 그는 일련의 중요한 텍스트들의 제작을 기도한다. 이들 텍스트는 그가 죽은 이듬해 친구 루이 라티스본에 의해《운명》이란 제목의 단권 시집으로 수집 출판된다. 그 전체적인 연관성 속에 이들 텍스트—그중 〈야성의 여인〉, 〈삼손의 분노〉, 〈늑대의 죽음〉, 〈감람산〉 같은 몇몇 작품들은 비니가 그때까지 쓴 가장 염세적인 것들에 든다—는 〈목자의 집〉의 내성적 명상에서 〈바다에 던져진 병〉 혹은 〈순수 정신〉의 희망의 외침에 이르기까지 험난하지만 굳게 믿는 구제에의 노정을 제시하고 있다.

이 중요한 시편들을 각기 로망주의의 "성숙"이라 부를 만한 면이 엿보이는 것은 이 시편들의 전체적인 연속성보다도 더 그 고유의 구조 속에서다. 스스로의 내적 경험에 대해 거리를 두고, 모든 마음의 고통이 염치도 없이 언어의 유동성 속에 쏟아져 나옴을 거부하는 비니는 그 언술의 모든 심금의 줄들을 애써 제어함으로써 자신의 드라마에서 자기를 떼어놓는다. 그가 스스로에게 부과하는 이 제어의 기본적인 수단은 감동의 풍요함과 질을 조금도 손상시키지 않은 채, 그 감동을 구조화함과 동시에 살풀이하는 상징적 전환의 그것이다. 이런 의미에서, 그리고 간헐적으로 나타나는 둔중함과 산문성에도 불구하고 비니의 기도는 더없이 흥미로운 것이다. 그것은 보들레르와 상징주의자들에 앞서 "고역travail"이라는 말을 주문呪文으로 하는 시법의 새로운 개념의 발단이 된다. 이 "고역"이란 시인-금은세공사이자 문장가의 고역일 뿐만 아니라, 아무리 복잡하거나 고통스런 것이라 할지라도 **관념**과 **감정**의 훌륭한 결정작용이 이루어지게 될 진정한 마술 도가니로서의 언어-형식이자 보석의 고역인 것이다.

시여! 오 보물이여! 사상의 진주여!
(…)
심오한 사상들이 어떻게 지켜질 것인가
응축된 사상의 빛을 그렇게도 잘 간직하는
네 순수한 다이아몬드 속에 사상의 불꽃을 모으지 않고
[서야?
(…)
견줄 데 없는 다이아몬드여, 너의 불꽃이
인간 **이성**의 느리고 늦은 걸음을 비추어주길!
—〈목자의 집〉

IV. 위고(1802-1885)

시인 중의 왕자이며 [로망주의] 운동의 확고한 지도자인 빅토르 위고의 거대한 개성에 대해 우리가 발견하는 것은 이미 로망주의의 이런저런 양상이 아니라 한 인간의 운명의 씨실과 한 에크리튀르의 격렬함 속에 체현된 로망주의 그 자체이다. 위고란 우선 그 세기 전체에 미치는 83년의 놀라운 생애이다. 평민이지만 제정기의 장군의 아들이며, 정통왕조파였다가 후에 자유주의자, 아카데미 회원이며, 프랑스 상원의원, 파리 선출 국회의원이자 정치 망명자이기도 했던 그는 이 세기의 모든 것을 보고, 모든 것을 살았다. 그러나 위고란 또한 무수한 시구들이며, 시의 모든 음조, 모든 음역을 파헤치는 시쓰기의 60년이기도 하다.《빛과 그림자》에서의 서정시인,《징벌시집》에서의 풍자시인,《관상시집》에서의 비가시인,《여러 세기의 전설》에서의 서사시인,《신》혹은《사탄의 종말》에서의 철학시인.

《문학 수호자》지의, 후에는 세나클의 동지들에 둘러싸인 수련 시대, 1820-1830년에 벌써 젊은 위고는 1822년《오드집》, 1826년《발라드집》, 그리고 1829년에《동방시집》을 차례로 내면서 그 활기찬 시적 영감의 진가를 보여주고 있었다. 무궁무진하며 생채에 찬 그의 시적 영감에는 로망주의가 열중하려 했던 저 중세 및 동방의 모든 회화성이 이미 배어들어 있었다.

다음 10년간의 시집들은 그에게 있어서 보다 분별 있는, 아마도 보다 깊은 서정성을 발견케 한다. 다정하고 절도 있는 시편들인《가을의 나뭇잎》(1831)은 자연의 매력에도 추억의 매력에도 민감한 한 시인을 나타내고 있다. 애정에 있어서의 첫 실의(그가 자신의 "뮤즈" 쥘리에트 드루에를 만난 것은 1833년이다)와 최초의 정치적 환멸의 자국이 뚜렷한《박명의 노래》(1835) 및《내심의 소리》(1837)는 두 시집 다 같이 내면적이며 은밀한 불안감이 맥박치고 있다. 이러한 영감이 이 시기의 마지막이자 가장 흥미 있는 시집《빛과 그림자》(1840) 속에까지 분명히 연장되어 있지만, 그것은 이 시집에서 또한 변용되어 있기도 하다. 시인은 이제 자연 속에서 자신의 마음의 단순한 반려만을 보려 하지 않고 (특히 〈바다의 밤Océano Nox〉에서), 자연 속에 마음을 어지럽히는, 알 수 없는 능력과 힘들의 "목소리"를 예감하기 시작한다. 또한 자기 마음이 혹은 이 자연이 말하는 언어의 단순한 번역자이기를 그만두고, 시인은 일찍이 라마르틴에게 과해졌던 것처럼 이제 그에게 과해질 의무를 알아차린다. 즉, 말 없는 형제들을 위해 예언자로서 이야기하는 것, 안내자로서 많은 사람들의 선두에 서서 걸어가는 것이다. 이때 시는 그에게 있어서 하나의 직업이기를 그치고 하나의 사명이 된다.

그는 유토피아의 인간이다,
두 발은 지상에 두고, 두 눈은 저쪽을 향한.

그러나 1843년의 위기(딸 레오폴딘의 끔찍한 죽음과 희곡 〈성주〉의 실패)는 위고에게 그 후 10년 남짓 시작상의 침묵을 지키게 했다. 이 침묵은 체념을 뜻하지 않는다. 그것은 반대로 정치의 길에의 지속적인 참여를 의미하기 때문이다. 그는 처음에는 오를레앙 공비[국왕 루이-필리프의 며느리]의 측근이며, 다음에는 루이-나폴레옹 공의 편이 되고, 드디어는 1851년 12월 2일[루이-나폴레옹의 쿠데타의 날]부터 벌써 그에게 "꼬마 나폴레옹"으로밖에 보이지 않게 될 자와 대립한다. 제정帝政에로의 쿠데타가 가져온 그 쓰디쓴 정치적 환멸과 그 결과로서의 벨기에 및 저지 섬Jersey에의 망명 속에서 시인은 노여움과 분개의 입김에 의해 다시금 시의 해안에 보내진다. 그리고 바로 이 입김이 6천 행의 대풍자시집 《징벌시집》(1853)에 전적인 통일성을 부여하고 있는 것이다. 격분과 넘치는 재기로 위고는 자주 정치적 풍자시의 단순한 역사적 대상을 넘어, 그의 작품에서 처음으로 시의 빛나는 깃발(〈별 Stella〉) 아래 인류의 구제에의 도정, 즉 **어둠**에서 **빛**에의, **죄**에서 **자유**에의 도정을 상기시킨다.

그 후 건지 섬Guernesey에 정착한 위고는 1856년에《관상시집》(그중 약간은 20여 년 전부터 씌어진, 제각기 창작 시기가 다른 텍스트들로 되어있다)을 간행하여 맹렬한 풍자의 입김도 그의 서정적 영감을 잃게 하지는 않았음을 보여주게 된다. 1843년의 끔찍한 참극[딸 레오폴딘의 죽음]을 중심으로 이어진 이 시집은 **옛날**의 서글프고 행복한 추억들을 **오늘**의 잔혹하지만 결코 절망적이 아닌 현실과 대조시키고 있다. 건지 섬의 그 황량한 해안에서, 망망한 바다와 마주 대하여, 위고는 (더구나 신비학의 몇 가지 비의들을 전수받아) 실제로 그를 충족시켜 주는 하나의 형이상학을 스스로 만들어낸 것이다. 즉,《어둠의 입…》에 나타나는, **존재**의 감동적이고 마음 놓이게 하는 충만성의 그것이다.

(…) 바람도, 파도도, 불꽃도,
나무도, 갈대도, 바위도, 모두가 살아있다!
모두가 영혼으로 가득 차있다.

예언자이며 추방당한 선도자인 시인은 이때 하나의 사명을 찾아낸다. 즉, **말**Verbe의 마술에 의해 **존재**를 재창조하고 그것을 언어의 기적적인 충만성 속에 암시하는 것이다. 그가 단정하고 있듯이 "언어는 곧 **말**이며 **말**은 곧 신"이기 때문이다.

풍자적인《징벌시집》은 또한 정치적 서사시이기도 했다. 서정적인《관상시집》도 또한 때로는 "한 영혼의 서사시"의 정열을 지니고 있다. 그러나 위고는 진정한 서사시—실제로는 서사시 3부작—의 기도에 그 최후의 중요한 창작 시기를 바쳐《여러 세기의 전설》(1859년에서 1883년에 걸쳐 씌어진)을 발표하고 또《신》과《사탄의 종말》의 광범한 단편들을 쓰게 되는 것이다. 위고의 풍요하고 "바로크적인" 천재성이 가장 잘 나타나는 것은 물론《전설》의 야심적인 기도에서이며, 스스로의 말에 의하면, 그는 이 시집에서 "**인간**이라는 하나이자 다수인, 침울하며 빛나는, 숙명적이면서도 성스런 이 위대한 형상을 나타내려고" 한 것이다. 작은 서사시들로 된 이 다채로운 미궁 속에서, 다양한 영감에 의한 이 빛나는 제교혼합諸教混合 속에서, 신화들과 **역사**의 이 매혹적인 종합 속에서, 언제나 **혼란**과 **악**에서 **화해**와 **지복**으로 인도하는 이 길과 이 도정 속에서, 위고는 다른 어떤 곳에서보다 훌륭히 자신의 시의 "유효성"을 증명한 것이다. 자유롭고 전체적이고 투시적이며, **사랑**과 **진보**에 대한 무한한 신뢰가 배어든 이 서사시는 작가 스스로 썼듯이 어디서나 "밤으로 시작"되어 언제나 "미광으로 끝맺었다".

이 서사시의 기념비에 노인의 만년의 작품들,《거리와 숲의 노래》(1865),《공포의 해》(1872),《할아버지 노릇하는 법》(1877), 또는《교황》(1878)을 비교할 수는 없다. 그러나 이 작품들은 모두 그 질에 의해서, 그 주제와 형식의 다양성에 의해서, 오직 1885년의 죽음만이 침묵을 강요하게 된 이 인간의 무궁무진한 시적 에네르기를 증명하고 있는 것이다.

위고의 이 방대하고 압도적인 시의 특질은 작가의 극도로 풍부한 상상력과 동시에 그 기법상의 놀라운 솜씨에 기인한다. 위고의 상상력의 힘은 시인이 사물과 인간에 던질 줄 아는 "시선"의 깊이와 정묘함에서 알 수 있다. 한 색계色階의 모든 뉘앙스며, 선線의 작용의 모든 미묘함을 파악하는 화가 내지 초상화가의 면밀한 시선, 서사시에 있어서는 시간과 공간의 심연을 꿰뚫어 볼 줄 아는 예언자와 환시가幻詩家의 장엄한 시선, 보이지 않는 것을 보고 **어둠의 입** 뒤에 숨은 형언할 수 없는 것에 대해 말할 줄 아는 관상가觀想家이자 신비가의 경탄하는 혹은 두려워하는 시선이다.

그에게서는 모든 광경, 모든 비전이 제각기 자발적으로 스스로의 이상적인 표현 형식을 발견하는 것같이 보인다. 우선 이미지들을 통해서. 그 누구도 그보다 먼저 시적 상상과 시적 영상의 세계의 모든 자원을 이토록 이용한 사람은 없었다. 즉 그는 호화로운 직유, 어리둥절하게 하는 모순어법, 특히 은유로부터 그렇게도 많은 놀라운 효과를 끌어낸 것이다. 다음으로, 말에 의해서. 그는 일상어로 부족할 때는 스스로 말을 만들어낼 만큼 말 나누기를 좋아했다. 이러한 말은 그에게 있어서는 바로 자신의 감정과 감각의 살아있는 육신일 뿐이었다.

> 어두운 무리, 말들은 우리의 내부에서 오고간다.
> 말들은 영혼의 신비로운 통행인이다.

마지막으로, 12음절시구나 소네트와 같이 매우 전통적인 것에서부터 그의 오드나 팡툼pantoums[말레이의 시를 모방한 것으로 4행으로 된 각 시절의 제2·4행 시구가 다음 시절의 제1·3행 시구에서 되풀이되는 정형시의 하나.《동방시집》참조]

처럼 매우 기묘하고 색다른 것에 이르기까지 온갖 구형句型mètres과 온갖 시 형식을 통해서. 그의 창의적 천재는 모든 것을 창조하지는 않았다 하더라도 리듬을 깨뜨리고, [시구의] 중간휴지césures의 위치를 바꾸고, 시구들을 "낯설게 바꿔놓"으며, 시구의 보내기rejets와 걸치기enjambements를 되풀이하면서 감히 모든 것을 새로 만들었다. 이처럼 그가 온갖 이미지를 다루고, 온갖 운율을 사용하며, 온갖 시구를 사랑한 것은 말라르메가 매우 적절히 쓴 것처럼 바로 "그 자신이 **시구**였기" 때문이다.

V. 네르발(1808-1855)

제라르 드 네르발, 본명 제라르 라브뤼니의 모습이 로망주의의 소小대가들(마르슬린 데보르드-발모르, 모리스 드 게랭 혹은 시인으로서의 생트-뵈브와 같이 아무리 흥미로운 사람들이라 하더라도)의 수많은 성좌에서 매우 뚜렷이 떠오르는 것은, 이 열렬한 **세나클의 스승**[위고]의 찬미자, 이 문학적 보헤미안 생활(1853년에 발표된 그의 《보헤미아의 작은 성城들》이 이를 우리에게 얘기한다)에서 곧바로 온 인물에게는 딴 사람들과 같은 단순한 로망주의자와는 다른 것이 있기 때문이다. 청년 네르발은 친구들처럼 외국문학에 관심을 가졌으며(그는 지금도 여전히 괴테와 호프만의 매우 훌륭한 번역자의 한 사람이다), 역시 친구들처럼 시인과 시의 여신(이 경우는 1826년에 만난 여배우 제니 콜롱[네르발이 이 여배우를 처음 본 것은 1833년으로 추정됨]의 모습으로 구현된다)과의 불멸의 목가를 이룰 것을 꿈꾸기도 했으나, 그럼에도 불구하고 다른 시대의 선구자적 시인이었다. [제니의] 부실과 죽음의 비극, 여행에서 태어난 몽상(그는 1843년에 동방여행을 한다), 그리고 1840년부터 끊임없이 그를 위협하고 1855년에는 자살로 이끌게 될 광기에서 유래하는 꿈들은 그에게서 독창적이고 혁신적인 시와 시적 산문으로 표현된다. ―《실비》(1853)와 《오렐리아》(1855)의 이야기, 《불의 딸들》(1854)의 중·단편 소설들, 그리고 《환상》(1854)의 12편의 소네트 등, 그 다양한 성과들은 모두 그의 무서운 내적 드라마에 관한 찬연하고 명석한 증언이다.

가슴이 찢기고, 정신은 혼란에 빠지고, 자신의 삶의 의미에 대해 항상 망설이며, 도망치는 자기동일성 idendité을 끊임없이 추구하는 네르발이 열렬한 사랑과 광기에 의해 파괴된 그의 내부의 모든 것을 다시 모으는 일을 맡기는 것은 언어에게이다. 그의 문장과 시구의 리듬, 그의 낱말들의 화음과 조화는 그에게 있어서 현실과 상상 세계가 뒤섞이며 혼돈한 목소리를 정돈된 언어의 직물 속에 모으기 위한 첫째의 수단이다. **자아**가 실종됨과 동시에 다시 발견되는 저 공간, 그러나 자기 자신 및 세계와 화해하기 위해 탐험해야 하는 저 공간, 즉 기억과 꿈의 열쇠가 그에게 주어지는 것은 바로 그가 마치 주문呪文처럼 사용하는 낱말들의 힘을 통해서이다. 이렇게 하여 《실비》에서 기억과 추억에의 길을 그리는 것은 낱말들이며 《오렐리아》에서 꿈과 환각에의 길을 그리는 것도 또한 이 낱말들이다.

그러나 네르발은 희미한 기억이나 상상 세계의 언어에 결코 자신을 완전히 내맡기지는 않는다. 그가 스스로 알고 있듯이 진정한 구원은 꿈을 조종하고 추억들을 해명하는 데에, 꿈과 추억들의 단순한 이야기에서보다 이들의 언술을 제어하는 데에 있다. 그러므로 그는 비니보다 한층 더 영감의 자발성과 에크리튀르의 약동 사이에 거리를 설정하는 데 힘을 기울인다. 이는 그에게 있어서 상징적인 대치代置일 뿐만 아니라 진정한 신화적 결정 작용, 전설과 **역사**의 신비적 형상에로의 내적 드라마의 응축이 될 것이다. 신화(취향과 연구에 의해 그가 잘 알고 있는)의 비시간적 언술과 이상적 공간 속에 위치하고 거기서 스스로를 말함으로써 시인은 자기 자신의 운명의 수수께끼를 풀어보려고 하는 것이다. 그가 이처럼 글을 통해서, 특히 《환상》에 있어서, 끊임없이 이시스, 호루스, 오르페우스, 그리스도와 같은 구속救贖의 위대한 형상들을 재창조하고 있음을 본대서 하등 놀랄 것은 없다.

진정한 "재창조", 단순한 표현만이 아닌 본질적 재구성으로서의 이 시법에 의해서, 네르발이 벌써 라마르틴이나 뮈세의 우주(그들 나름의 내적 갈등에도 불구하고 보다 "평온한")보다도 보들레르와 랭보의 신비롭고 마술적인 우주에 더욱 가까운 존재임을 알 수 있다. 또한 브르통과 초현실주의자들이 그들보다 훨씬 전에 "초자연주의적인supernaturaliste 몽상"에서 시가 얻을 수 있는 모든 것을, 꿈과 현실의 "연통기連通器"에서 시가 빌려 올 수 있는 모든 것을 예감했던 이 사람을 왜 찬미하고 사랑하게 되는가를 이해할 수 있다.

결정적으로 역사를 과학으로 성립시킴으로써 로망주의는 여태껏 주제와 회화적인 것에 관해 역사에서 얻어왔던 것을 모두 역사에 되돌려 주었다. 역사에 대한 취향은 17세기와 18세기의 사람들에게 매우 강했으나 초기 로망주의자들에게도 그대로 이어지고 있었다. 그래서 샤토브리앙은 매우 독창적인《혁명 시론》을 썼고 라마르틴은 그의《지롱드당사》를 통해 역사가의 관심사가 시인의 근심과 양립할 수 없는 것이 아님을 보여주게 되었다. 그러나 시대의 취향만으로는 1830년부터 역사에 대한 진정한 심취로 되어가는 현상을 충분히 설명할 수는 없다. 이 시기에 생긴 근본적인 것은 역사 연구를 위한 시설의 출현이며, 그때까지 없었던 이 시설은 국민의회[1792-1795]에서 7월왕정에 이르는 사이에 확정된다. 즉《역사연구》와 같은 잡지들, 고문서 학교나 동양어 학교와 같은 학교들, 샹폴리옹[1790-1832]의 이집트학, 뷔르누프[1801-1852]의 동양학 혹은 르노르망[1802-1859]에 의해 유명하게 된 고전학古錢學과 같은 보조 학문들이 그것이다. 이러한 새로운 접근 수단의 덕택으로 이제 로망주의 역사가는 과거를 읽고 복원하는 새로운 방식을 창안할 수 있게 되었다. 18세기 역사가들에게서 흔히 볼 수 있는 너무나 이론적인 독단론을 버리고 "근대파"들은 "역사의 설명"의 길로 접어들게 되는 것이다. 어떤 사람들에게 있어서는 확실한 자료에 의거하면서도 또한 "주관화된" 이야기의 줄거리 속에서, 다른 사람들에게 있어서는 진정한 **역사** 철학에 속하는 분석과 문제제기를 통해서 행해질 설명이다.

"서술"파의 지지자들은 수가 많고 저명인사들이었다. 바랑트[1782-1866]는 그의 《부르고뉴 공작 가문사》(1828[정확히는 1824-1826?])의 제사題詞로 "사람은 증명하기 위해서가 아니라 얘기하기 위해 쓰는 것이다!"라고 씀으로써 이 파의 정신을 제시했다. 그 일 년 전에 티에르[1797-1877]도 같은 정신에 따라 《대혁명사》[간행은 1823-1827]를 쓰고, 후에 《집정정부 및 제정시대의 역사》[1848- 1862]에 의해 이를 보완했다. 프랑수아-오귀스트 미녜[1796-1884]의 《프랑스 대혁명사》(1824)도 이러한 흐름에 한몫을 차지한 것으로 그 이름을 들 만하나, 이 서술파의 주요 작품은 역시 오귀스탱 티에리[1795-1856]가 1840년에 간행한《메로베 왕조 사화史話》전권全卷이다. 여기서는 색채가 풍부하고 갖가지 에피소드와 다채로운 정경 묘사의 연속으로 구성된 역사 이야기가 작가의 "진정"하지만 개인적인 비전, 힘차고 훌륭하게 영상화된 비전을 통해 의식적으로 과거를 그대로 복원하려는 듯이 전개되어 있다.

에드가르 키네[1803-1875]나 루이 블랑[1811-1882]과 같은 사람, 혹은 프랑수아 기조[1787-1874]에게는 분명히 이와 같은 점이 전혀 없다. 기조는 1826년에서 1856년에 걸쳐《영국 혁명사》를 쓰면서, 이제는 영상의 환기력에 의지하는 것이 아니라 어떠한 가설, 어떠한 이론도 엄격한 사실에 근거를 두고 그 사실 속에서 검증되는 논증의 힘에 의거하는 역사의 개념을 밝혔다. 위대한 알렉시 드 토크빌[1805-1859]의 태도도 이와 동일하다. 그의 두 주요 작품(《미국의 민주주의》, 1835-1840와《구체제와 대혁명》, 1856)은 여러 정체, 정치제도, 선거방식, 행정기구 등에 대한 매우 명석한 해석에 떠받쳐진 역사의 계획 및 역사철학을 암시하고 있다.

이 세대에서 단 한 사람, 쥘 미슐레(1798-1874)만이 우리가 위에서 언급한 두 가지 이론을 고려에 둔 종합적인 역사를 쓰려 하고 있었다. 그의 《로마사》(1831)에서, 《프랑스사》의 첫 6권(1844년 이전에 씌어진)에서, 그리고 《민중》(1846)이나 《프랑스 대혁명사》(1847-1853)와 같이 사회참여적 태도를 보다 명확히 한 작품들에 있어서까지도 미슐레는 서사 시인으로서의 영감에 의해 과거의 발자취를 들춰내고, 스스로의 감성이 경외심을 갖게 하는 위대한 상징적 인물들(베르생제토릭스, 샤를마뉴, 잔 다르크 …)의 주위에 여러 시대를 구현시킴으로써 처음은 위대한 서술가처럼 보인다. 그러나 국립 고문서보관소의 이 부장部長에게 있어서는 개인적인 영감과 직감이 사실과 기록의 현실성을 잊게 하지는 않는다. 영감과 직감은 오히려 그것들을 소생시키고 "부활"시키는 것이다.

> 나는 곧 이들 자료보관실의 외면상의 침묵 속에 어떤 움직임이, 죽음이 아닌 어떤 속삼임이 있다는 것을 알게 되었다. (…) 이 서류들은 단순한 서류가 아니라 사람들의, 지방민들의, 국민들의 생명인 것이다. (…) 모든 것이 살아서 말하고 있었다. (…) 그리고 내가 그들의 먼지를 불어낼 때면, 그들이 몸을 일으키는 것을 보곤 했다.

또한 작품 속의 인물과 정경 묘사도 결코 흩어짐이 없이 이어진다. 거기에는 분명 드라마로서의, 그리고 이론상의 탁월한 통일성이 인정되지만, 그것은 설화자가 프랑스의 "민중"과 "땅"의 운명을 서술하면서 스스로 밝히려고 작정한 프로메테우스적 인류의 진보에 대한 절대적 신뢰에서 오는 것이다. 1848년 이후 미슐레의 편파성이 1855년에서 1867년에 걸쳐 《프랑스사》의 제7권에서 제17권으로써 완성·출판되는 그 방대한 저작의 질을 손상케 할 것이다. 그는 일찍이 제정帝政에 대해 보였던 증오를 이번에는 너무나 자주 부르봉 왕조에 퍼붓게 되리라. 유감스런 일이지만, 그에게는 《여러 세기의 전설》의 위고가 지닌 힘은 있었으나, 《징벌시집》의 위고의 대담성은 아마도 부족했던 것이다.

생트-뵈브(1804-1869)와 이 세대의 문학비평과의 관계는 바로 역사에 대한 미슐레의 그것과 같은 것이었다. 《민중》의 저자처럼, 그는 쥘 자냉[1804-1874], 빌맹[1790-1870], 니자르[1806-1888], 생-마르크 지라르댕[1801-1873] 등 그의 명성 때문에 계속 가려지고 있는 기라성과 같은 동시대인들에서 벗어난, 특출한 존재이다. 그러나 비교는 그것으로 끝나지 않는다. 객관성에 대한 공통된 관심과 함께 개인적 직관의 동질성이 이 비평가와 역사가를 가깝게 한다. 후자는 한 국민의 과거를 부활시켰고, 전자는 작품의 저자인 인간을 부활시킴으로써 문학 작품을 설명하려고 했다. "나는 개인-재능을 그의 교육, 교양, 생활, 기원에서 직접 묻고 살펴보고자 한다." 이 실망한 로망주의 시인(《조제프 들로름의 생활, 시, 사상》 1829, 《위안》 1830)이자 이해받지 못한 소설가(《애욕》 1834)—결국 비평의 길이 성공의 길로 그의 앞에 나타난—는 일생 동안 작가들에 대한 바로 이러한 "고고학"에 몰두한 것이다.

아마도 과학만능주의 풍조에 영향을 받은 만년을 제외하고 그에게는 비평의 과학적 이론은 별로 없었으며, 오히려 작가와 작품에 대한 일종의 "인상주의적" 접근 방법이 있었다. 이는 그의 모든 저작에 나타난다. 즉, 1846년 이전에 《르 글로브》지紙 혹은 《양세계평론》지誌에 발표된 글들을 다시 모은 일련의 《초상》, 1850년에서 1870년까지 《르 콩스티튀시오넬》지紙, 《르 모니퇴르》지紙 또는 《르 탕》지紙에 발표된 것들을 다시 모은 《월요한담》 및 《신월요한담》, 끝으로 로잔과 리에주에서 행한 강의의 결실인 《포르-루아얄》과 《제정시대의 샤토브리앙과 그의 문학 그룹》의 두 저서. 미슐레의 강력한 상상력은 한 국민의 역사를 이쪽에서 먼저 맞이하러 나갔다. 생트-뵈브의 예민한 직관력은 우선 한 인간의 경력을 꿰뚫어 보고 그 인간이 창조자가 되는 저 중대한 순간을 파악함으로써 작가와 그의 전 작품을 보다 잘 이해하려 한다. 그는 이렇게 밝힌 바 있다.

> 대작가, 대시인의 생애에서 중요한 점은 그의 재능·교육·상황이 다소간 완급·난이의 차이는 있더라도 서로 협조·일치하여 첫 걸작을 낳게 한 순간에 있어서 그 인간의 전체를 파악하고 이해하고, 분석하는 것이다. 만약 여러분이 시인의 빛나고 눈부시고 당당한 후반기의 삶을 세상에 알려지지 않고 억압되고 고독한 (…) 전반기의 그것에 연결시키는 이 결정적 순간에 있어서 그 시인을 이해한다면, 그때, 사람들은 여러분이 그 시인에 정통하고 그 시인을 알고 있다고 말할 수 있다.

작가와 비평가의 두 주관 사이에서 애써 추구된 이러한 만남은 분명히 편파적 태도와 이해 부족의 여지를 남기고 있었다. 발자크나 위고에 대한 생트-뵈브의 그릇된 판단은 용서받기 힘들 것이다. 또한 프루스트가 그랬던 것처럼, 인간과 예술가의 두 개성은 서로 어느 한쪽에 환원될 수는 없다고 그에게 반박할 수도 있을 것이다. 그러나 자신의 시대에서 예언자가 되는 것은 흔한 일이 아니며, 《월요한담》의 한 페이지의 매력은 통찰력의 쇠약에서 오는 실수를 자주 감춰준다.

제5장 로망주의 시대의 소설

I. 로망주의자들의 소설상의 여러 기도

문학용어 자체가 이를 십분 나타내고 있듯이, 로망주의romantisme의 정신과 소설적인 것romanesque의 영역과의 만남은 필수적이었다. 그리고 이 만남은 흥미롭고 풍요롭게 이루어졌다. 앞에서 언급한 바와 같이 로망주의자는 모두 시인이었으나, 라마르틴에서 고티에에 이르기까지 모든 시인은 또한 소설가이기도 했다. 그것은 아마도 소설 장르 속에 로망주의적 기질의 특징인 도피와 회화성에의 욕구, 그리고 감정과 상상력의 충족에의 욕구에 하나의 공간 전체가 크게 열려있었기 때문이리라. 이런 의미에서 세기 전반의 시인-소설가들은 시의 미학과 소설의 미학을 화해시키려고 시도했을 뿐만 아니라,

또한 여러 독창적인 형식을 실험하고 새로운 영감의 광맥을 개발함으로써 발자크, 스탕달 그리고 그 후계자들이 여러 행로를 통해 탐구하게 될 위대한 소설 창조의 길을 열어준 것이다.

로망주의 소설은 물론 고백적 내지 자서전적 소설의 형식을 무시할 수는 없었다. 로망주의가 제정기에 스스로를 명백히 나타내기 시작한 것은 바로 이 자서전 소설에 의해서이기도 하다. 뮈세가 1836년의《어느 탕아의 고백》속에서, 그의 시에도 또한 배어들고 있는 저 불안하고 고통스럽고 자기 자신에게만 주의를 기울이는 서정을 계속 토로한 것은 이 형식에 의해서이다. 생트-뵈브가 1834년 소설《애욕》을 발표하여 예리한 심리분석을 모두(이는 픽션에 의해 주인공 아모리의 것으로 전가되었으나, 그 기원은 주로 작가가 막 빠져나온 연애와 "직업상"의 위기이다) 간결히 표현한 것도 역시 이 형식에 의해서이다. 이 책에 대한 작가 자신의 비평은 그도 또한 샤토브리앙과 뱅자맹 콩스탕의 그것인 내면주의적이며 자서전적인 조류에 속함을 전혀 의심케 하지 않는다.

> 이 책의 진정한 목적은 어떤 성향, 어떤 정열, 어떤 악덕 자체의, 그리고 이 악덕에 지배되는 저 영혼의 측면 전

체의 분석이며, (…) 무기력한, 무위의, 매력적인, 숨겨지고 남모르는, 신비롭고 은밀한, 지나치게 미묘할 만큼 몽상적이며 나약할 만큼 상냥한, 요컨대 관능적인 측면의 분석이다.

내적이고 고백적이며 자서전적인 소설은 그 본성과 형식이 지니는 역동성과 개방성 자체에 의해 규모를 보다 크게 확대할 생각을 일으키게 했다. 역사의 영감이 이보다 큰 규모를 소설에 제공하려 하고 있었다. 비니의 위대한 두 소설 작품, 1826년에 간행된 (게다가 "루이 13세 치하의 음모"라는 부제가 붙은) 《생-마르》와 특히 1835년에 간행된 《군대의 굴종과 위대함》은 이처럼 이 장르의 경계가 실제로 확대되었음을 증명하고 있다. 이제부터 **자아**의 이야기와 분석은 과거의 역사이건 동시대의 그것이건 배경이 색다르고 현실에 있어서도 픽션에 있어서도 뜻이 깊고 상징적인 한 역사의 보다 광대한 환기 속에 기반을 두게 되는 것이다. 소설은 그 경계를 확장함으로써 또한 독자층의 폭을 넓혀갔다. 그리고 19세기의 대중적인 대소설은 무엇보다 먼저, 벌써 로망주의 시대부터 그 환기력에 의해 인상적이고, 그 극적인 영상에 의해 매력적이며, 그 내용의 무궁무진한 풍부함으로 만족감을 주는 역사소설로 될 것이다. 월터 스콧의 영향은—이를 명확히 해둘 필요가 있다—당시 여러 가지 형태로 이 장르에 열중한 모든 사람들에게 극히 중요한 것이었다. 즉, 《장 스보가르》[1818]와 같은 괴기소설을 쓴 노디에, 그 유명한 《카피텐 프라카스》(1863) 혹은 그 신기한 《미라 이야기》(1858)와 같은 다채롭고 발랄한 작품들을 쓴 고티에, 특히 그 굉장한 3부작 《삼총사》·《20년 후》·《드 브라줄론 자작》(1844-1850)을, 그리고 《몽테-크리스토 백작》(1844-1845) 또는 《몽소로의 마님》(1846)과 같은 유명한 신문소설을 쓴 알렉상드르 뒤마. —이 신문소설의 호화롭고 눈부신 줄거리에 필적하는 것은 그의 경쟁자 외젠 쉬의 《파리의 비밀》(1843)의 그것뿐이었다.

그러나 후세의 눈으로 볼 때 로망주의 소설의 거장은 역시 이 세대 최대의 시인이기도 한 사람, 즉 위고이다. 동일한 서사시적 영감, 동질의 상상력이 시인의 에크리튀르와 소설가의 그것을 부추기고 있다. 특히 한 장르의 모든 수단을 다 이용하려는 한결같은 의욕이 이중활동의 특색을 이룬다. 위고는 소설에서 모든 것을 시도했다. 그는 《아이슬란드의 한》(1823)과 《레미제라블》(1862)에서 자서전적인 페이지들을 슬그머니 넣을 수 있었다. 전자에서는 [후에 위고 부인이 되는] 아델 푸세와의 청순한 사랑이 비쳐 보이고, 후자에서는 마리위스의 모습을 통해 그 자신을 알아볼 수 있다. 그는《노트르-담 드 파리》(1831)의 중세부터《웃는 사나이》(1869)의 영국의 18세기, 또는《93년》(1874)의 대혁명 시대를 거쳐서《레 미제라블》에 나타나는 1848년[2월 혁명]의 나날에 이르기까지 온갖 방향으로 역사를 편력했다. 또한 그는 쉬와 발자크과 함께 무시당하는 민중과 저주받은 하층 사회를 다루는 새로운 소설 장르의 기초를 세웠다.

그에게서 가장 매혹적인 것은 이와 같이, 소설 장르의 모든 면에 그의 에크리튀르를 놀랍도록 자유자재로 적응시킬 수 있다는 점만이 아니라 이러한 모든 면들을 동일 작품 속에 나타내 보이는 그 능력이기도 하다.《레 미제라블》의 예는 이 점을 명백히 말해준다. 사람들은 여기서 개인적 고백의 페이지, 역사의 대장면(워털루 [대회전] 혹은 1832년 6월의 폭동), 서사시적 대벽화(파리의 하수도 정경과 같은) 등을 읽을 수 있을뿐더러 장 발장의 상징적 도정 속에 나타나는 "철학" 체계 전체를 또한 알아볼 수 있는 것이다. 그런데 위고의 소설은 그 힘에도 불구하고 그리고 아마 그 힘 때문에, "근대"소설의 그 후의 발전과는 끝내 멀리 떨어져 있었던 것이다. 위고 자신이 한 서문에서 "나는 소설을 악용하려 했다. 나는 그것을 하나의 서사시로 만들려고 한 것이다"라고 밝힘으로써 이야기 속에 나타나는 스스로의 강박관념, 환각, 신화(그중 가장 집요한 것은 박해자·피박해자·보호자-보복자의 삼위일체이다)의 조직적인 반복이 얼마나 이 장르의 진정한 특수성에 반대되는가를 이미 느끼고 있었던 것 같다. 작중인물들에 대해 일정한 거리를 두지 못하고 자신의 무게로 그 인물들에게 "지나친 부담을 주며", 현실과 역사를 차분히 해독하지 못하고 자신의 비전으로 그것들을 "지워버리는" 소설가 위고는 너무나도 자주 극작가, 서사시인, 혹은 계시받은 신비술사로부터 침해당하고 이의제기를 받고 만다. 이렇게 해서 발자크 또는 스탕달의 소설미학은 이와는 매우 다르게 될 것이지만, 이 두 사람 역시 처음에는 로망주의자였다. 그러나 위고가 천재적인 투시자였음에 비하여 그들은 그 정열에도 불구하고 명석하고, 각자의 개인적 신화체계에도 불구하고 통찰력이 있는 관찰가로 될 수 있을 것이다.

II. 발자크(1799-1850)와 사실주의의 첫 출발

오노레 드 발자크의 작품과 함께 우리는 곧바로 19세기의 위대한 소설 창조의 영역에 들어간다. 위고의 그것과 마찬가지로 그의 작품은 그 다량함과 다양성에 의해 압도된다. 《루이 랑베르》와 같이 분명히 자서전적인 이야기에서 나온 이야기, 《팔튀른》과 같은 괴기소설, 《올빼미당》과 같은 역사소설, 《골짜기의 백합꽃》과 같은 심리소설, 《절대의 탐구》와 같은 철학소설, 혹은 또 《암흑사건》과 같은 정치적 음모소설, 그러나 그의 작품이 중요하게 보이는 것은 그 다산성에 의해서라기보다 그 성숙성에 의해서이다. 사실 발자크는 소설 장르의 모든 가능성을 밝히고 그 특질을 두드러지게 한 최초의 사람이었다. 가에탕 피콩이 매우 적절하게 쓰고 있듯이 "발자크에 와서 처음으로 소설은 문학의 다른 형식과 어깨를 겨루게 된다. (…) 처음으로 하나의 사상, 하나의 기법, 하나의 체험이 창조적 변용의 요소로 된다."

이 방대한 소설대전小說大全의 크기를 보다 정확히 재보기 위해서는 발자크가 1842년 이후 《인간희극La Comédie humaine》이란 이름으로 세운 이 대전의 결정적 구성에 관심을 가져야 할 것이다. 그것은 전체적으로 91편의 완성된 소설과 계획 또는 초고의 상태에 있는 다른 46편의 소설을 포함한다. 사실에서 원리로 거슬러 올라가는 귀납적 사고의 논리에 따라서, 완성된 이야기는 "풍속연구", "철학적 연구", "분석적 연구"의 3대 항목으로 편성되어 있다. "분석적 연구"에서는 다만《결혼의 생리학》이 완성되었을 뿐이다.《상어가죽》(1831),《루이 랑베르》(1832) 혹은《절대의 탐구》(1834)와 같이 대부분 발자크의 활동 초기의 소설들로 구성되어 있는 "철학적 연구" 속에 이 소설가의 몇 가지 본질적인 명제 내지 강박관념이 드러나 보인다. 즉, 사고思考가 가져오는 정신의 황폐, 정열의 숙명론, 스스로를 괴롭히는 절대에의 동경. 그런데 작품 전체의 심장부를 이루는 것은 방대한 사회적 조사 목록이자 방대한 심리학적 유형학인 "풍속연구"이다. 이것은 그 자체가 중요성이 다른 여섯 개의 총체로 나누어진다.

1. *사생활 정경* 《고리오 영감》(1834) 또는《모데스트 미뇽》(1844)과 같은 일상생활의 현실을 나타내는 일반적으로 꽤 짧은 이야기들.
2. *지방생활 정경* 《외제니 그랑데》(1833)에서는 소뮈르가,《위르쉴 미루에》(1841)에서는 느무르가,《환멸》(1834-1837)의 첫 부분에서는 앙굴렘이 무대로 됨.
3. *파리생활 정경* 《종형 퐁스》(1846),《종매 베트》(1847), 또는《창녀성쇠기》(1838-1847)가 솟아나는 "떠

들썩한 수도"의 매혹적인 편력.

4. *정치생활 정경* 몇 편의 중편소설로 구성됨. 그중 가장 재미있는 것은 역시 《암흑 사건》(1841)이다.
5. *군대생활 정경* 이 중 발자크가 완성한 것은 《올빼미당》(1829)의 이야기뿐이다[정확히는 이 밖에 《사막의 정열》(1830)].
6. 마지막으로 *전원생활 정경* 여기서 우리는 잇따라 《시골 의사》(1833), 《마을의 사제》(1841), 그리고 《골짜기의 백합꽃》(1835)의 놀랄 만큼 아름다운 사랑 이야기를 대하게 된다.

이와 같이 조직적으로 구조화되고, 가령 조프루아 생-틸레르[1772-1844]와 같은 몇몇 박물학자들의 그 과학적인 "분류표"(그토록 발자크를 사로잡은)에도 비할 만큼 분명하고 시종일관한 체계로 짜임으로써, 그의 작품은 확실히 한 세계를 그 사회, 그 배경, 그리고 그 세계를 지배하는 인물들을 정확하고 사리에 맞게 그리려는 최초의 위대한 "사실적" 시도로 보인다. 실제로 발자크의 작품이 사실적이었다는 점에 대해 진정으로 이의를 제기할 수 있는 사람은 아무도 없을 것이다. 작가 자신 그 야심을 감추지 않고 1842년의 〈머리말〉에서 그의 작품이

1789년에서 7월왕정에 걸쳐 그가 알고 체험한 "사실들의 충실한 번역"이 되기를 바라며, 그 본질적인 장점은 엄격·면밀함에 있다고 선언했다. "이제부터는 오직 세부만이 소설이라는 부적당한 이름으로 불리는 저작들의 장점을 이룬다." 여기서 덧붙이자면 발자크는 또한 플로베르와 졸라에 앞서서 그 서술과 묘사의 "객관성"의 기초를 수첩에 적은 상세한 데이터나 문헌자료의 조회에 둔 최초의 소설가이기도 했다.

면밀함이라는 점에서 사실주의자인 그는 또한 철저한 점에서도 그러하며, 언제나 그가 칭송하는 박물학자들처럼 스스로의 사회적 유형학에 있어서 어떠한 속, 어떠한 "종"도 소홀히 하지 않도록 주의를 기울인다. 따라서 그의 소설적 대벽화는 일견 19세기의 3분의 1세기에 서식하는 "동물상動物相" 전체에 대한 백과사전적 편력처럼 보인다. 아무도 이 세심하고 체계적인 탐구자의 눈에서 벗어날 수는 없다. 보세앙 가家나 레스토 가와 같이 흥망을 차례로 거듭하는 귀족. 누신겐 가와 같은 대금융 부르주아지. 비로토 가와 고디사르 가와 같은 상업 소부르주아지. 곱세크 또는 그랑데처럼 비열한 고리대금업자들. 핍박받는 혹은 반항하는 농민들. 이러한 인간들의 사제와 의사들. 루스토나 다르테스와 같은 저널리스트,

보도기자 및 작가들. 다비드 세샤르와 같은 연구가와 학자들. 돈의 유혹이나 결코 채워지지 않는 쾌락의 광란에 들뜬 이 모든 "동물상", 이를 발자크가 가장 잘 묘사하는 것은 괴물 같은 거대한 수도, 모든 것이 거기에 이르는 "진흙의 대해", 파리의 호사스런 혹은 초라한 배경 속에서이다. 왜냐하면 바로 여기서는 "동물상" 또한 이 소설가의 명석하고 가차없는 눈 앞에 그 비인간적인 희극comédie의 매혹적인 또는 차마 볼 수 없는 광경을 더없이 잘 보여주기 때문이다. 발자크는《황금색 눈의 처녀》또는《랑제 공작부인》의 그것처럼 긴 프롤로그에서 이 희극을 냉혹하게 분석하고 있다. "파리의 모든 정열은 두 말에 귀착된다. 즉, 돈과 쾌락…" 발자크의 사실주의란 우선 한 세계를 해독하는 데 있어서의 탁월한 통찰력, 그 세계를 구성하고 움직이는 새로운 장치들에 대한 놀라운 직관이다. 이것들은 모두 후일 그의 소설에 대해 나타낸 카를 마르크스의 관심이 강조하게 될 특질이다.

이는 발자크가 그 시대의 사회와 인물의 천재적인 복사자에 지나지 않았음을 말하는 것일까? 물론 아니다. 그가 묘사의 "진실"에 대해 항상 기울인 관심도 그가 또한 자기에게 주어지는 살아있는 소재[인간]의 변용자이기도 한 사실을 감출 수는 없다. 이 로망주의의 아들은

19세기의 다른 어떤 소설가보다도 스스로의 생명과 상상력의 모든 힘을 다하여 작품을 빚어낸 것이다. 현실의 노예가 되어 어쩔 수 없이 충실한 복제품을 내놓기는커녕—게다가 이런 일은 그에게는 의미도 없고 또 불가능한 것이다("사람들은 우리에게 아름다운 그림을 요구하고 있다. 대체 그 모형들은 어디에 있단 말인가? 당신들의 초라한 의복? 당신들의 실패한 혁명? 당신네 떠버리 부르주아들? 혹은 당신네 생명을 잃은 종교?")—발자크는 스스로의 강렬한 개성을 다 주입하여 현실의 에크리튀르에 관개灌漑를 하는 것이다. 우선 이야기 속에 분명히 자서전적인 요소들을 끌어들임으로써. 확실히 발자크의 창작은, 특히 1836년 이후, 작자의 실생활과는 멀리 거리를 두고 있는 듯이 보인다. 그러나 이따금 작가의 생활이 여러 등장인물이나 줄거리 속에 언뜻 보이고, 쓰라리거나 감동적인, 혹은 애석한 추억들 속에 떠오른다. 《라 라부이외즈》의 까다로운 브리도 부인은 독선적이고 참을 수 없는 발자크 부인[발자크의 모친]을 생각하게 하지 않을 수 없고, 소년 루이 랑베르의 슬픔과 실망은 화자가 오라토리오 수도회의 기숙학교에 있을 때 겪었던 것이며, 라파엘[《상어가죽》의 주인공]의 고통과 꿈은 수도首都의 냉담한 현실에 직면한 미성년자[발자크]의 그것이었다. 더욱이 "인간희극"의 몇

몇 주요 인물들은 그들을 만들어내는 작가의 갖가지 욕망이나 혐오감만을 살고 있는 것처럼 보인다. 라스티냐크와 보트랭[특히《고리오 영감》에서의 주인공과 중요 인물] 속에 그는 결코 실현되지 않는 영광과 권력에 대한 스스로의 꿈을 모두 용해시키고, 누신겐[《누신겐 상회》·《창녀성쇠기》 등의 등장인물]에게서 스스로의 끝없는 금전욕을 보상하고, 비로토[《세자르 비로토》의 주인공]에게서 파산破産의 강박관념을 몰아내고, [《환멸》의] 뤼시앵과 코랄리, [《창녀성쇠기》의] 누신겐과 에스테르의 관계를 통해 육욕의 여자에 대한 스스로의 엉큼하고 관능적인 욕망을 만족시키는가 하면, 한편, [《마시밀라 도니》의] 에밀리오에게는 작가 자신이 항상 추구했던 순결·청순한 사랑의 환희를 마시밀라 앞에서 맛보게 한 것이다.

타자와 외부세계에 대한 발자크의 시선은 이처럼 언제나 현실의 수용과 **자아**의 현실에의 침투라는 이 이중운동으로 이루어지고 있다. 그에게 있어서는 그 어떤 것도 직관적 관찰과 상상력을 결코 분리시킬 수 없다. 그가《파치노 카네》의 화자에게 시킨 말처럼 전자는 후자의 자연스런 안내자이다.

날씨가 좋을 때면, (…) 단 하나의 정열이 나를 부지런히

공부만 하는 습관 밖으로 내몰곤 했다. 그러나 이것 역시 공부의 하나가 아니었을까? 나는 변두리의 풍속, 주민들이며 그들의 성격을 관찰하러 간 것이다. 노동자들처럼 해진 옷을 입고 예절 따위에는 개의치 않았으므로 그들에게 경계심을 일으키는 일은 없었다. 나는 그들의 무리에 섞여 그들이 거래를 맺는 것이나 일을 끝낼 때 서로 다투곤 하는 것을 볼 수 있었다. 나에게 있어서 관찰은 이미 직관적인 것으로 되어 육체를 등한히 함이 없이 마음 속 깊이 들어갈 수 있었다. 아니 오히려 외적 세부를 매우 잘 포착하기 때문에 곧 더 멀리에 가는 것이었다. 관찰은 그 대상이 되는 개개인의 생활을 사는 능력을 나에게 주고, 마치 저 《천일야화千一夜話》의 회교승이 어떤 주문을 읊음으로써 상대방의 육체와 영혼을 자기 것으로 하듯이 나는 그 인간을 대신할 수 있었던 것이다.

"자기의 작중인물의 생활을 사는" 이 비상한 능력, 이것이 바로 발자크의 놀라운 상상력의 힘에 대한 가장 좋은 정의이다. "인간희극"의 모든 주요 인물들, "전형典型"이라 불리는 인물들은 이와 같이 하나의 동일한 작용으로 현실에서 뽑히고, 그들의 창조자의 천재적인 개성이 그들 내부에 투입됨으로써 문학의 높이에까지 끌어올려진 것이다. 개개의 신체적 혹은 사회적 외관 뒤에서 라스티냐크와 뤼방프레[앞의 뤼시앵 드 뤼방프레], 보트랭과 베트[《종매 베트》의 주인공], 라파엘, 발타자르 클라에스[《절대의 탐구》의 주인공]와 루이 랑베르가 서로 그토록 흡사하다는 것에 하등 놀랄 것은 없다. 하나의 같은 두려움이 그들을 사로잡거나 번민하게 한다. 그것은 작품 전체의 열쇠가 되는 신화, 즉 "상어가죽"의 신화, 삶과 창조에의 욕망과 정열 자체에 의해 다름 아닌 그 생명과 창조력이 침식되고 해져버린다는 신화이다. 보들레르는 어느 훌륭한 논고[《테오필 고티에》, 1859]에서, 발자크가 자신의 작중인물과 픽션 속에 이와 같이 끊임없이 존재하고 있음을 누구보다도 먼저 완전히 인지했었다.

> 그의 모든 인물들은 그 자신이 고취되었던 열렬한 생명력을 부여받고 있다. 그의 모든 픽션은 꿈과 마찬가지로 매우 생생하게 채색되어 있다. 귀족계급의 정점에서 하층사회의 밑바닥에 이르기까지 그의 "인간희극"의 모든 배우들은 현실세계의 희극이 우리에게 보여주는 이상으로 생활에 억척스럽고, 투쟁에서 더 적극적이고 교활하며, 불행에서 더 참을성이 있고, 쾌락에서 더 탐욕

스럽고, 헌신에서 더 천사와 같다. 요컨대 발자크에게서는 각자가, 여자 문지기까지도, 천재적이다. 이 모든 사람들은 아가리에까지 의지로 장전된 무기이다. 이는 바로 발자크 자신인 것이다.

발자크는 폴란드 출신의 연인, 한스카 부인(1850년 그가 죽기 몇 달 전에 결혼한 상대)에게 보낸 한 편지에서 "내 소설은 서양의 《천일야화千一夜話》입니다!"라고 썼다. 이와 같이 발자크는 일을 한 것이다. 즉 "사실의 충실한 번역"에서 하나의 거대한 "세기의 전설"의 연출로. 그는 현실의 소재를 예리하게 통찰하면서도 그 소재를 넘어서서 자기 고유의 신화의 요구에 따라 이를 새로이 만들어낸 것이다. 보들레르는 또 쓰고 있다. "발자크의 위대한 영광이 관찰자로 인정받는 데 있다는 것에 나는 여러 번 놀랐다. 내게는 항상 그의 주요한 공적은 환시자幻視者, 그것도 열렬한 환시자라는 점에 있다고 생각되었던 것이다." 이렇게 해서 관찰에 의해 태어났으나 상상력에 의해 "승화"됨으로써, 발자크 자신이 "서사시적 인물"이라 부르는 작품의 등장인물들은 전설의 보편적 인물로 되는 것이다. 하찮은 고리오 영감이란 또한 "부성의 그리스도"이기도 하고, 불쌍한 향수상 비로토는 또한 "상업적 성실의 순교자"이기도 하며, 상냥한 모르소프 부인[《골짜기의 백합꽃》의 여자 주인공]은 미덕의 화신이고, 라스티냐크는 성공에의 의지이다… 바로 이 점에 발자크의 진정한 천재성이 있다. 다시 말하여 자신의 작중인물들을 통해서 세계와 역사의 일상적 현실을 하나의 전설의 보편적인 높이에까지 이르게 한 것이다. 그러나 이는 단순한 문학적 연출의 독단에 의해서가 아니라 바로 세계와 역사 속에서 실제로 체험된 스펙터클과 드라마로 길러진 시선과 정열의 질과 힘에 의해서 이루어진 것이다.

덧붙이자면 발자크의 창조의 성공은 또한 소설기법의 완벽한 솜씨에도 크게 힘입고 있는 것이다. 기법이란 그에게 있어서는, 그리고 어떠한 수준에 있어서도 구성의 기법이다. 첫째로 각 인물상 내지 각 묘사의 구성. 그러나 철저함과 면밀함만이 그 유일의 장점은 아니다. 여기서는 "정보"를 제시하는 순서가 매우 중요하며, 이 순서는 언제나 타당할뿐더러 충분한 의미를 지니고 있다. 이 점을 납득하기 위해서는《고리오 영감》의 처음 몇 페이지를 다시 읽어보면 된다. 거기서 발자크는 우리들을 뇌브-생트-주느비에브 가街의 바깥쪽에서 안쪽으로 그리고 하숙집 보케 관館의 다락방에까지 안내한다. 다음은 이야기마다의 구성. 이는 길건 짧건, 단순하건 복잡하건, 진정한 극작법의 규칙에 따라 이루어진다. 묘사적이거나 분석적인 긴 프롤로그, 계속되는 위기에 의한 줄거리의 점진적 결정작용結晶作用, 그리고 대단원의 극적인 급진전(이 도식의 완벽한 예를 《랑제 공작부인》에서 볼 수 있을 것이다)을 지닌다는 점에서 발자크의 소설은 모두 서로 닮은 듯이 보인다. 마치 그 서술의 고유의 대상, 즉 "이야기"의 하나하나가 언제나 그 "언술"의 똑같이 농밀한 시간(현실적이라기보다 비극적인)의 흐름 속에 휩쓸려 들어가기나 하듯이 말이다. 끝으로 그리고 무엇보다 작품의 총체의 구성. 이를 검토해야 함은 이 구성이 바로 작품 전체를 이해하는 데 기본이 되기 때문이다. 1833년 발자크는 열광하여 누이에게 이렇게 써 보낸다. "축하해 다오. 내가 정말 천재가 되고 있는 중이기 때문이야!" 사실 그는 "인간희극"의 경이적인 계획을 처음으로 구상한 참이었다. 즉, 몇몇 인물들의 계통적인 재등장(《고리오 영감》의 주인공 라스티냐크는 예컨대 《창녀성쇠기》의 부차적이며 간헐적인 등장인물이 되고, 보트랭도 또한 이 작품에서 악마적인 카를로스 에레라의 모습으로 재등장한다)에 의해 스스로 고유의 법칙에 따르는 한 소설세계 전체의 일관성을 보증하려는 것이다. 발자크 자신이 보기에도 대성공인 이 기도, 현실의 "이미 만들어진" **전체성**에 대적할 수 있는 완전히 시종일관하고 깊은 뜻을 가진 하나의 **전체성**을 창조하려는 이 기도에는 부자연스런 것이라곤 전혀 느껴지지 않는다. 바로 이 시기에 그는 이미 씌어진 소설들 속에서 일찍이 구분해 놓았던 장과 부를 없애버린다. 마치 각개 이야기가 그 하나만으로 거대한 "희극"의 가장 중요한, 혹은 이차적인 한 장이 되어야 한다는 듯이 말이다. 바로 이 소설대전의 미학적 통일성이 종국에는 독자의 정신에 작용하는 이 대전의 가장 확실하고 가장 매혹적인 힘으로 나타나게 되어있었던 것이다. 개별적인 소설 하나하나가 이 대건축물의 압도적인 논리를 인증하는 듯이 보이는 한편 이 대건축물의 거대함이 소설 하나하나의 존재를 설명하고 정당화하게 되는 이 통일성이.

총체에 대한 이 유례없는 성공에 비하면, 후세의 문학가들이 발자크의 "문체"에 대해 가해야 한다고 생각한 비판은 어느 정도 근거가 있긴 하나 별로 중요하게 보이지 않는다. 그의 언어의 부적절함이나 답답함 혹은 소용없는 되풀이를 드러내고 비난하기는 쉽다. 그러나, 프루스트(더없이 세련된 문장가이다!)가 매우 정확히 이해했

듯이 말의 엄청난 힘에서 필연적으로 나타난 "분방함"을 불완전함이나 서투름으로 간주하지는 말아야 할 것이다. 거칠긴 하지만 힘차고, 밀도가 높으면서도 항상 생동감이 넘치는, 한마디로 그것을 쓰는 인간의 모습 그대로인 발자크의 언어는 신화와 현실이 뒤섞인 덩어리를 자신의 낱말들의 큰 주름 속에서 들어 올려 세워놓는 "약동하는 힘"이다. 단지 이 힘만으로 이 작가의 말parole의 그 진동하는 두께는 "인간희극"의 엄청난 세계에 통일성과 진정함과 힘을 보증하는 것이다.

III. 스탕달(1783-1842)과 "주관적" 사실주의

이 그르노블 태생의 청년, 집안 환경에 반항하는 한편 정사와 여성 정복을 꿈꾸고, 파리와 프랑스를 무시하는 반면 동경하는 이탈리아의 경이로움에 마음이 고양되어, 우리 나라 소설문학 가운데 가장 저명한 이름의 하나[스탕달이라는 이름]를 스스로 만들어내려 하였던 앙리 벨의 경력은 얼마나 놀라운 것이며, 그 문학적 운명 또한 얼마나 놀라운 것인가. 파리는 잠시 학업기간에만 그를 붙잡아 둘 수 있었을 뿐이다. 사실 그는 벌써 1800년

보나파르트 군의 깃발 아래서 밀라노와 매혹적인 이탈리아를 발견하고 깊이 매료되어, 제정帝政이 몰락한 후, 게다가 프랑스에서 보낸 약 10년 동안 극작에 관해 거의 실망만을 맛본 후, 1814년부터 1821년까지 7년 동안 그곳 밀라노에 정착하게 된다. 밀라노에서는 반대로 모든 것이 그를 사로잡고 황홀하게 한다. 교양 있는 "여행자"로서의 그의 호기심이 어떠한 것인가는《이탈리아 미술사》를, 그러나 특히 그에게 명성을 가져다주게 될 스탕달이라는 필명으로 처음 서명한 3부작《로마·나폴리·피렌체》(1817)를 읽어보면 알 수 있다.

오스트리아 경찰에 "자유주의"의 혐의를 받은 그는 본의 아니게 파리로 돌아와 다시 10년간(1821-1830)을 보내게 된다. 왕정복고기의 권태로운 살롱이나 관념학파들의 서클 혹은《르 글로브》지의 편집실에 특유의 소탈한 모습을 나타내면서, 그는 이 기간에 1822년 간행의 논고《연애론》,《라신과 셰익스피어》(1823-1825), 그리고 1827년의《아르망스》와 1830년의《적과 흑》이라는 두 편의 첫 심리소설, 이와 같이 서로 상이한 갖가지 저작들을 잇달아 쓰게 된다. 자기 나라 사람들에게서 이해를 받지 못하고 빚도 진 그는 1830년과 1831년에 외교관 직을 기꺼이 받아들여, 처음에는 트리에스테[1830

년 11월-1831년 3월], 다음에는 1841년까지 치비타-베키아에서 이 직을 맡게 된다. 파란 많은 일생의 이 마지막 10년 동안에 그는 최후의 작품들, 즉, 한편으로는《뤼시앵 뢰벤》(1834년에 착수된 미완성의 소설), 1839년의《이탈리아 연대기》,《파르마의 수도원》그리고《라미엘》(또 다른 미완성 소설)과 같은 소설 작품을, 또 한편으로는《한 여행자의 수기》(1838), 그리고《에고티슴의 회상》과《앙리 브륄라르의 생애》(이 두 작품은 오랜 병 뒤에 1842년 파리에서 휴가를 보내고 있던 중 갑자기 온 죽음 후에야 출판된다)와 같은 자서전적인 작품을 놀랄 만큼 번갈아가며 쓰게 될 것이다.

어떤 위대한 작가도 스탕달만큼 동시대인과 서로 무관심하거나 무시하는 상태에서 산 사람은 없었다. 그의 처녀 소설《아르망스》는 사실상 눈에 띄지 않은 채 지나갔고,《적과 흑》은 찬사보다는 오히려 호기심을 끌었을 뿐이며,《파르마의 수도원》은 1840년 9월 25일부《파리 평론》지에 발표된 70페이지의 유명한 글에서 이 작품을 절찬한 발자크 이외에 거의 찬미자를 갖지 못했다. 그러나 근본적으로 상대주의자인 스탕달은 문학적 명성의 권위와 지속성에 대해 환상을 품어본 일은 결코 없었다. 동시대의 로망주의자들과 그 작품들에 대한 다음과 같은 판단(이중의 뜻을 지닌)이 그 증거다.

로망주의란 국민의 습관과 믿음의 현상에 입각하여 그들에게 최대한의 쾌락을 줄 수 있는 작품들을 제시하는 예술이다.

그에게 있어서 진정한 영광은 순간이나 환상이나 역사의 함정을 넘어선 다른 곳에 있었다. "나는 한 장의 복권에 건다. 그 특상은 요컨대 이렇다. 1935년에 읽혀짐."

하지만 앙리 벨의 성격이 그가 살았던 세기와 부합되지 않았다는 것은 아니다. 정열적이고 감성적이며 야심적이고 시인이기까지도 한 그는 발자크의 경우보다 더 로망주의자였으며 때로는 우리에게 비니와 같은 사람의 개성을 상기시키기도 할 것이다. 자서전에 대한 매우 두드러진 취향, 스스로에게 물어보려는 끊임없는 배려, 의지와 정력으로 "출세하려"는 욕구(그의 소설에서 쥘리앵 소렐도 파브리스 델 동고도 이를 증명하게 될 것이다), 정신과 감각을 기쁘게 할 수 있는 것이라면 무엇이건 쉽사리 사랑하고 즐기며 황홀해지는 경향, 이 모든 것이 필경 다른 작가들보다도 그를 로망주의적 개인의 전형 자체로 만드는 소지를 마련했던 것이다. 게다가 그는 아마도 한때는 실제로 그랬다. 그것은 1823-1825년 사이 연극에 대한 정열(20세의 나이에 그는 "몰리에르와 같은 희극"을 쓸 것을 꿈꾸고 있었다!)에 이끌려 고전주의의 극작법과 그 제약에 대항하는 대전투에 있어서 〈크롬웰〉의 서문보다 더 대담한 예의 《라신과 셰익스피어》에 의해 위고의 진영에 참가했을 때이다.

그러나 스탕달이 로망주의적 성격의 몇 가지 특징을 지니고 있었다 하더라도 그 소박한 자발성은 결코 그에게는 없었다. 카바니스[1757-1808]나 데스튀트 드 트라시와 같이 정신행위에 미치는 생리의 영향을 밝히고 개인의 분석과 관찰에 큰 중요성을 부여하는 "관념학파"의 연구와 이론에 열중한 스탕달은 "철학자들"처럼 의식과 질문과 판단의 인간이었다. 바로 이것이 그가 볼테르를 그토록 찬미하고 딱한 샤토브리앙을 그토록 멸시한 사실을 설명한다. 이 점에서 그의 두 번째로 중요한 저작 《연애론》은 그를 로망주의 현상과는 정반대의 위치에 놓고 있다. 로망주의적 정열의 "상세·정밀한 기술"이라 자칭하는 이 논고는 확실히 어떤 체험된 로망주의의 소위가 이미 아니라 분석되고 비판된, 그리고 생생한 비유를 쓴다면 "뇌관이 뽑힌" 로망주의의 표명이다.

문학상의 유행들에 역겨워지고, 타락된 서정의 남용에 싫증나고, 시대의 위선적인 가장·가면에 당황하여 스탕달은 이와는 다른 것을 원함을 밝힌다. 즉, 단순성과 자연스러움이다. 바꾸어 말하면, 문학 체험의 필요성은 그에게는 단지 그 체험이 언어("건조한", "민법전과 같은…")의 투명성에 의해 개인에게 있어서 가장 근원적인 것, 즉 "나는 누구인가?" "내 존재의 의미는 무엇인가?"라는 본질적인 물음에 유일하게 회답을 가져다줄 수 있는 저 진정성에 이르기 위한 가장 확실한 수단으로 보이기 때문일 뿐이다. 자서전 쓰기에 대한 스탕달의 정열은 바로 이 때문이며, 그는 경쟁이나 하듯이 자서전의 수를 늘리고 말의 스크린 위에서 자기 자신의 갖가지 단면들을 스스로에게 비쳐 보이는 것이다.

그렇다면 술책이나 위선에 대한 이 맹렬한 비난, 이 "자연스러움"의 요구, 그리고 명철함에 대한 이 의지와, 본심의 은폐, 가명의 사용, 그리고 실로 다양한 속임수에 대해 이 작가가 또한 공언하는 한결같은 취향을 대체 어떻게 조화시킬 것인가? 사실 스탕달은 자기 자신을 더없이 명철하게 아는 데는 여러 가지 어려움이 있음을 완전히 의식하고 있었다. 그러므로 그는 수습책으로서 가장과 "거짓된" 픽션에 의지한 것이다.

> 우리 마음속에서 자연스럽던 것을 기억으로 그리기란 매우 어렵다. 꾸며낸 것, 연출된 것이 더 잘 그려진다. 왜

냐하면 연출하기 위해서 기울여야 했던 노력 덕분에 그 것이 기억 속에 새겨져 있기 때문이다.

따라서 자서전적 작품 속에서의 스탕달의 위선은 실은 "또 하나의" 위선의 초월에 불과하다. 스스로에게 여러 가지 이름을 붙이고 다양한 인물들을 빌려 옴으로써 이 작가는 자신과 독자 앞에서 진실성의 희극을 연출하면서 자기를 구축하고 자기와 일체가 되는 것이다. 발레리는 다음과 같이 썼을 때 이 점을 잘 이해하고 있었던 것이다. "스탕달은 스스로에게 백 개쯤 되는 가명을 붙이고 있으나, 그것은 자기를 감추기 위해서보다는 자신이 여러 인물이 되어 사는 것을 느끼고 싶기 때문이다." 따라서 그에게는 소설 쓰기와 자서전 쓰기 사이에도 또한 모순이 없었다. 그가 이 두 문학 장르 사이를 끊임없이 왕래한 것은 반대로 이 두 장르가 모두 작품과 생애를 잇는 하나의 같은 실존적 관계와 얼마나 비슷한 성질의 것인가를 증명한다. "사실적인" 소설적 상상력은 단지 간헐적으로밖에 "진정한" 자서전 서술을 대신할 수 없는 것이다.

스탕달은 바로 발자크만큼 사실적이었으나 그 방식

은 달랐다. 그에게서 문제는 한 세계의 두께나 한 역사의 깊이를 그리기보다는 그 "인상印象"을 포착하고 그 효과를 암시하는 것이다. 물론 그의 소설 작품 속에 그가 경험한 역사적 순간 및 사회계층의 진정한 변화가 있음을 부정할 수는 없다. 《아르망스》에는 이미 "1827년 파리의 한 살롱에서의 몇 가지 정경"이란 부제가 붙어 있었다. 《적과 흑》은 의도적으로 정통왕조주의 체제에 대한 이의 제기로서, 또한 왕정복고사회("침묵을 지키는 대귀족들", "그날 밤 라 몰 씨의 살롱에 속속 모여든, 대부분 타락한 자들이지만 모두 다 재사인 모사꾼들", 피라르 신부와 같은 음험한 벼락출세자들, "성공"하여 이 인습적이면서도 죽어가는 세계에 악착같이 뚫고 들어가려는 부르주아들로 법석대는 사회, 자유주의자 스탕달에게는 타기할, 어쨌든 유죄선고를 받은 사회)에 대한 매우 강렬한 풍자로서 제시되고 있다. 《뤼시앵 뢰벤》의 기도도 역시 돈과 은행과 자본의 힘에 의해 완전히 지배된 ("어떤 내각도 증권시장을 폐쇄할 수 없지만 증권시장은 어떤 내각도 해체시킬 수 있다!") 7월왕정의 사회를 그리는 데 있었다. 《파르마의 수도원》에 대해 말하자면, 이 작품은 이탈리아의 어느 소궁정의 닫힌 틀 속에서 메테르니히 체제하의 이탈리아를 묘사하고 있을 뿐만 아니라, 파르네제 가家와 라시를 통해 파브리스, 모스카, 산세베리나 부인과 같은 진정한 귀족계급의 인물들에 의해 이의제기를 받게 되는 어리석은 전제주의에 대한 흥취 있고 효과적인 희화를 또한 제시하고 있는 것이다.

그런데—그리고 이 작가가 애지중지하는 저 "길을 따라 옮겨지는 거울"로서의 소설의 이미지에도 불구하고—한 세계의 사실주의적 묘사는 스탕달에게서 우리가 "인간희극"에서 발견한 그러한 종류의 체계적인 철저성과는 아무런 관계가 없다. 말의 엄밀한 의미에서의 객관성은 스탕달에게서 작가가 소설 속에 편재遍在함으로써 끊임없이 이의제기를 받게 되고 게다가 흐려지기까지도 한다. 이야기가 때로는 놀라운 정밀성과 치밀한 점묘적 묘사(예의 세부들, 그 유명한 "진실한 세세한 것들")에 의한 것처럼 보일 경우에도 바로 서술 속의 비판적 난입자인 작자의 "주관적" 언술로 갑자기 이야기가 넘어갈 수 있다. 쉽게 알아볼 수 있으며 모작하고 싶어지는 톤의 영속성 이상으로, 극히 개인적인 주제(두 여자의 얽힘, 연극에의 집념, 전조에 대한 믿음, 투옥 공포증)의 반복 이상으로, 바로 이러한 작가의 난입은 스탕달의 창조를 특정 짓는, 흔히 유희적인 에고티슴의 가장 명백한 표시이다. 텍스트의 서술상의 요청과 그 텍스트의 수취인 사이에 성립되는 한 통속의 유희에서 행해지는 저 지적들이나 저 눈

짓들에 의해서, 이 소설가는 언제나 자기 것인 하나의 줄거리를 생각해 내고, 이끌어가고, 쓰는 **나**의 본질적 전능성을 다시 입증하는 것이다.

발자크에게서보다 더 한층 스탕달의 작중인물은 근본적으로 그 인물이 활동하는 소설의 구성요소가 된다. 그것은 책의 공간 속에서 그 인물이 항상 작자의 적극적인 중재인으로 되고 있기 때문이다. 우리는 소설의 세계를 주인공들의 눈을 통해서, 그들의 "시점"을 통해서 본다. 그러나 그들의 시선 뒤에는 항상 스탕달이 있음을 우리는 알아챈다. 쥘리앵, 파브리스, 뤼시앵,—하나의 세계를 발견하고 배우는 동시에 스스로도 자기 자신을 해명하고 이해하는 이 야망의 주인공들은 모두가 의사擬似-스탕달이며, 모두가 다양한 가면 아래에서 스스로의 진정한 자기동일성을 찾는 하나의 같은 인격의 재창조인 것이다. 쥘리앵-파브리스의 짝은 다의적이긴 하나 깊은 체험에 의한 이 연출을 가장 잘 보여준다. 쥘리앵 소렐은 역사 속에서 거북하고 행복의 추구에 악착스러우며 필요하다면 위선자도, 치사한 타산가도 되는 스탕달이다. 그만큼 소렐은 "상당한 인물"이 되고 자기를 내세우려는(그는 라 몰 가家의 살롱에 모인 귀족들[사실은 법정에 모인 배심원들]에게 선언한다. "여러분은 나에게서 스스로의 천한 신분에 반항한 한 농부를 보고 계십니다.") 강한 욕구, 갈망까지도 품고 있는 것이다. 파브리스 델 동고는 반대로 도취와 향락의 스탕달을 나타내 보인다. 그는 설사 현실이 불행한 것일지라도 그 속에서, 또는 설사 몽상이 더없이 대담하고 더없이 미친 듯한 것일지라도 그 속에서 끊임없이 행복을 발견하거나 마음속에 그릴 수 있기 때문에 그 행복을 애써 찾아다닐 필요가 없는 것이다. 말의 완전한 의미에서 창조자인 스탕달은 그 어느 주인공에게 자신의 성격의 일부를 맡기는 것만으로 만족하지 않고, 작중인물들을 만들어낼 때마다 바로 스스로의 인격 전체를 자신의 내부에서 발견 혹은 재창조하는 것이다. 그들의 모험담은 그의 것이며, 그들의 성공, 그들의 실패 역시 그렇다. 바로 거기에 그의 사실주의의 진정한 의미가있다. 즉, 성공이건 실패이건 간에 소설적 언어의 모험을 통해서 현실을 알고 자기 자신을 깨닫는 것이다.

그에게 있어서는 실제로 언어의 실패란 결코 없으나—그만큼 그에게 글을 쓰는 행복은 큰 것이다—, 다만 실패한 이야기가 따로 있을 뿐이다. 사실 허구상의 뜻밖의 사태로 주인공이 불행으로 끌려가는 수도 있지만, 그 불행은 아무리 암담한 것일지라도 이야기하는 언술의 시poésie에 의해 언제나 극복되는 듯이 보인다. 모리스 바르데슈가 "스탕달은 19세기의 진정한 시인의 한 사람이다"라고 썼을 때 그는 무엇보다도 창조물에 있어서의 창조자의 감동에 찬 현존이며 그 창조물에 뚜렷이 찍힌 각인이기도 한 이 시의 힘을 분명히 느끼고 있었던 것이다. 스탕달의 톤, 이탈리아어의 템포를 상기시키는 그 음악적인 어조, 그 운율 그리고 그 음조화를 감지할 수 있었던 독자라면 이와 같은 판단에도 놀라지 않을 것이다. 스탕달의 문체는 분명히 하나의 시적 문체이다. 그만큼 그것은 설명될 수 없는 것이며 차라리 어떤 그림이나 협주곡이 그러하듯이 몽상으로 이끌어가는 것이다. 게다가 루소의 몇몇 페이지처럼 스탕달의 작품은 음악 내지 회화로 바꾸어 놓고 싶은 생각을 일으킨다. 그의 문장의 마음을 어지럽히는 멜로디 뒤에서는 모차르트나 치마로사를 느낄 수 있으며, 그의 풍경 묘사의 관능적인 뉘앙스 뒤에서는 코레조를 알아챌 수 있다. 진정한 시란 그 속의 "정의할 수 없는" 것에 의해 표시되는 것이라면 《파르마의 수도원》의 작자에 있어서의 문제가 바로 이것이다. 벽화 혹은 초상화의 윤곽과 세부가 하나로 융합되어, 바르데슈가 말했듯이, "조콘다[이른바 모나리자]의 미소처럼" 마음을 어지럽게 하고 "묻는" 듯한 조화로운 바림을 이루고 있다. 이야기의 어느 순간에도 장소와 사람을 우아하게 둘러싸는 이 감동적이고 흔히 육감적이기도 한 훈륜暈輪이 바로 진정한 시이다. 《소설가 스탕달》의 저자[바르데슈]는 계속한다.

> 사람들이 모든 시가 그렇다고 믿는 것과는 달리, 시는 말에 의해서 표현되는 것이 아니라 보다 정의할 수 없는, 보다 확산적인 것이며, 만들어진 것의 질 속에서, 은밀한 정다움의 굴절 속에서 지각되는 것이다.

역사적 · 사회적 사실주의이며 주관적 사실주의인 스탕달의 사실주의는 따라서 말의 완전한 의미에서 시적이기도 하다. 여기서 시는 사실적 의도를 훼손하는 것이 아니라, 그와는 반대로 생생한 감수성과 시선으로 이야기의 요소들을 부각시킴으로써 그 의도의 진정함을 증명하는 데 도움이 되고 있다. 스탕달은 그가 말에 의한 회화繪畫에 완전히 몰두할 때만큼 세계(인간과 사물)의 현실을 훌륭히 그려내는 적은 없다. 베르주Verge의 숲속에서의 마음 앙양된 쥘리앵의 산책, 코모Côme 호숫가의 경치에 사로잡히는 파브리스의 도망길, 혹은 파르네제 탑에서 내려다보이는 매혹적인 지평선을 그릴 때, 그는 가장 시적이기 때문에 동시에 가장 진실한 현실의 광경을 제시하고 있다. 글쓰기의 행복감이 현란한 비전과 결합하는 바로 이 "숭고한" 순간에 스탕달은 우리 마음속의 연령도 계절도 없는 저 삶에 대한 사랑이라 불리는 것에 호소함으로써 우리에게 가장 많이 그리고 가장 직접적으로 이야기하고 있는 것이다. 그는 이미 《연애론》에서 다음과 같이 쓰고 있었다.

> 자연과 예술 속에서 모두 극도로 아름다운 것을 보면 사랑하는 상대의 기억이 번개처럼 빨리 떠오른다. 이것은 잘츠부르크Salzbourg의 염갱鹽坑에 던져진 나뭇가지의 작용[과 똑같은 작용, 즉 결정작용]에 의해 이 세상에서 아름답고 숭고한 것이 모두 사랑하는 상대의 미의 일부로 되기 때문이며, 이와 같이 뜻밖의 행복을 보게 되면 눈에는 금방 눈물이 가득 괸다. 이렇게 해서 미에 대한 사랑과 연애는 서로 생명을 나누는 것이다.

IV. 메리메(1803-1870)와 조르주 상드(1804-1876)

메리메의 개성은 1820년대에 파리에서 친구였던 스탕

달의 그것을 상기시키지 않을 수 없다. 그에게는 연장자[스탕달]에게서와 마찬가지로 로망주의의 감상적 성격과 비판정신의 끊임없는 혼합이 있다. 또한 본심 은폐와 속임수에 대한 동일한 취향도 있으며, 이 취향이 그로 하여금 1825년에 《클라라 가쥘 희곡집》이라는 제목으로, 이어 1827년에는 《라 귀즐라La Guzla》라는 아나그람[철자의 바꿔놓기. Gazul → Guzla]으로 의사-스페인 혹은 의사-일리리아의 우스꽝스런 작품집을 세상에 내놓게 하는 것이다. 로망주의자라는 점에서는 메리메는 특이한 것과 이국적인 것에 대한 취향, 그리나 특히 역사에 대한 진지한 정열에 의해 실제로 그러했다. 이 역사에 대한 정열은 이윽고 그에게 강렬한 색채와 풍부한 에피소드의 대소설 《샤를 9세 연대기》(1829)를 착상케 할 것이다. 다만 그에게 있어서 로망주의는 스탕달의 경우와 마찬가지로 이미 행복감을 가져다주는 것도 감정을 드러내는 것도 아니라 억제된 것, 거의 억압된 것으로 되어있다. 〈에트루리아의 항아리〉에 나오는 한 인물처럼 메리메는 자신의 반응을 하나하나 살피고 자신이 받은 느낌을 하나하나—설사 그것으로 고통을 받게 될지라도—조절한다.

그의 타고난 마음씨는 부드럽고 상냥했다. 그러나 일생 지워지지 않는 여러 영향들을 너무나 쉽게 받게 되는 나이에 그는 감정을 지나치게 잘 드러내는 자신의 감수성 때문에 학교 친구들의 비웃음을 사게 되었다. (…) 그때부터 그는 스스로 불명예스런 약점이라고 생각하는 것을 일체 밖에 나타내지 않도록 고심했다. 그는 목적을 달성하긴 했으나 이 승리는 그에게 비싼 대가를 치르게 했다. 너무나 부드러운 마음의 감동을 남에게 숨길 수는 있었다. 그러나 가슴 속에 가두어둠으로써 그것은 백배나 더 견딜 수 없는 것으로 되어버렸다.

열광과 냉혹한 자아비판의 이 끊임없는 혼합은 희곡보다 훨씬 더 그에게 명성을 가져다준 중·단편 소설 속에 강하게 나타나고 있다. 1833년《모자이크》라는 표제로 그는 최초의 짧은 이야기들(〈마테오 팔코네〉, 〈타망고〉, 〈에트루리아의 항아리〉 등)을 수록한 소설집을 발표한다. 1834년부터 사적감독관史蹟監督官에 임명되어 스스로의 영감을 풍부하게 하는 여러 차례의 대여행의 결과로서 그는 가장 크게 성공한 작품들을 쓴다. 즉《연옥의 영혼》(1834),《콜롱바》(1840),《카르멘》(1845)과 같은 점점 더 내용이 풍부한 중편소설들, 그리고《일의 비너스》(1837), 《로키스》와 《주만》(1869)[전자는 1869년, 후자는 1873년에 발표] 같은 환상문학의 장르를 닮은 이야기들이다. 원시적이고 사악한, 게다가 살인까지 하는 정열, 미개하고 이국적인 배경, 혹은 또 이따금 엿보이는 신비와 비합리의 세계 등으로 확실히 로망주의는 그의 모든 작품에 있다. 하지만 이들 엄밀한, 완벽하게 구성된 이야기에 있어서는 정념의 격렬함도, 회화적인 이국취향도, 환상적인 것조차도 테두리를 벗어나지 않는다. 모든 것이 거기서는 계산되고 제어되어 있다. 실제로 세심한 조사관이었던 메리메의 박식과 방법직인 단편 작가로서의 비판적 지성에 의해 어떠한 세부도 어떠한 뜻밖의 사건도 엄격한 이야기의 논리에 따르고 있다. 마찬가지로 화자—거의 항상 우연한 목격자이거나 지나치는 외국인—는 자신의 이야기의 매력이나 마력에 결코 굴하지 않는다. 메리메의 중·단편 소설을 읽을 때 느껴지는 저 기묘한 인상—갑자기 사람을 "당혹케" 하는 비장한 세계(그토록 그가 좋아했던 고골Gogol이나 투르게네프Tourguenieff 혹은 푸시킨Pouchkine의 그것처럼)에 끌려들어 가는 동시에 화자가 그 세계에 대해 비판적인, 게다가 짓궂은 거리를 유지함으로써 자신이 그 세계로부터 보호받고 있다고도 또 제외되고 있다고도 느껴지는 인상—은 여기서 생기는 것이다. 작가의 이와 같은 엄격함, 감동이 눈뜨는 바로 그 순간에 그 감동을 제어하려는 끊임없는 배려, 마음의 불안이나 잔인성 혹은 비합리적인 것을 더없이 간결하고 명석한 형식과 문체를 통해 암시하는 그의 타고난 재능, 이러한 것들이 메리메를 단지 우리 나라 최초의 중·단편 소설가만이 아니라 가장 훌륭한 중·단편 소설가의 하나가 되게 한 것이다. 인간으로서 그리고 작가로서의 그의 개성은 그가 자발적으로 그 규칙들을 발견하고, 그 한계를 느끼는 일이 없었던 이 형식에 꼭 알맞은 것이었다. 장편소설은 그에게는 너무 광범위했던 것이다.

조르주 상드의 경우 이러한 면은 전혀 없다. 생활도 상상력도 이 뒤드방 남작부인 또는 "노앙의 착한 부인"[노앙Nohant은 상드의 소유지가 있었던 프랑스 중부의 농촌. 마을 사람들은 후에 이곳에 정착한 상드를 이렇게 불렀다], 오로르 뒤팽[상드의 본명]에게 있어서는 본질적으로 소설적이었다. 쥘 상도, 뮈세 혹은 쇼팽과 같은 서로 매우 다른 남자들을 매혹할 수 있었던 그녀는 연애소설을 쓰기 전에 실제로 그 줄거리를 살지 않았던가? 그녀가 소설가로 된 것도 무엇보다 여러 이론적 대립에도 불구하고 대발자크의 칭찬을 얻기 위해서가 아니었던가? 그녀는 자신의 영감을 실생활의 길 밖에서 헤매게 하거나 자기 개성의 약동에서 멀리하기는커녕 단호히 자기 운명의 계속적인 체험 속에 그 근거를 둔 것이다.

사실주의가 싹트기 시작하는 시기에 그녀는 감히 "이상주의자"라 자칭하고, "예술의 거짓"에도 "콩트와 감미로운 노래"의 심심풀이에도 열중하기를 거부하여 자신의 글쓰기에 이들과는 다른 목적을 설정한다.

> 우리는 예술의 사명이란 감정과 사랑을 위한 사명이며 오늘날의 소설은 소박한 시대의 우화와 교훈담을 대신해야 한다고 믿는다.

사실 개인적 감정, 내면의 고백은 그녀의 최초의 세 소설, 1831년의 《앵디아나》, 1832년의 《발랑틴》, 그리고 1833의 《렐리아》에 바탕을 제공하고 있다. 일찍이 선배 스탈 부인에게 《코린》의 불행하지만 열렬한 사랑을 불러일으켰던 영감을 되찾아, 사회와 윤리상의 금기에 부딪치리만큼 더욱더 그녀는 격렬한 여성의 정열의 대변자가 된다.

가혹한 세계에 대항하여 개인의 권리를 요구하는 이

정열에 의해 로망주의의 딸인 그녀는 후에 하층민과 가난한 사람들 편에 서는 태도를 명확히 함으로써 또한 그러할 것이다. 피에르 르루[프랑스에서 사회주의라는 말을 처음 사용한 인도적 사회주의자. 1797-1871]와 라므네의 주장에 영향을 받은 그녀는 1837년의《모프라》에서 벌써 화해와 진보의 세계를 꿈꾸기 시작하고 있으나, 이 세계는《프랑스 순회의 동업조합원》(1840),《콩쉬엘로》(1842), 혹은《앙지보의 방앗간 주인》(1845)과 같은, 진지하지만 약간 소박한 인도주의의 대소설들 속에 더욱 뚜렷이 나타나게 된다. 1846년부터 고향인 베리 지방에 은거한 그녀는 일련의 농촌 이야기, 즉 중편소설《마의 늪》(1846)과《라 프티트 파데트》(1849)에서, 그렇게도 프루스트의 마음에 들었던 이야기《버린 아이 프랑수아》(1850)에서, 끝으로 아마 그녀의 걸작인 장편소설《적수笛手들》(1853) 속에서 그 지방 농부들의 세계에 여전히 같은 동정적이며 관대한 시선을 보낼 것이다.

명성에 만족하고 세월과 함께 온화해진 조르주 상드는 작가로서의 만년을 1854년의《내 생애의 역사》와 1859년의《그녀와 그이》같은 자신의 생애의 이야기를 쓰는 데 바치게 될 것이다. 그러나 목가적이며 지방적인 소설의 거장 가운데 한 사람이었던 그녀에게 상상력은 아직도 메마르지 않았다. 1857년 《부아-도레의 멋쟁이들》과 1860년 《빌메르 후작》을 간행함으로써 그녀는 자신의 다 같이 풍요한 상상력과 묘사의 재능(자연 속의 인간과 자연 풍경에 대한 진지한 애착으로 언제나 그 진정성이 증명되는)에 대해 마지막 증언을 남겨놓게 된 것이다.

제2부

현실의 매혹과 그 초월

1848년의 전환과 1850-1900년의 시기

1850년에 오노레 드 발자크가 죽는다. 스탕달은 그보다 8년 전에 세상을 떠났으며, 위고를 제외한 로망파의 대시인들은 침묵을 지키고 있었다. 그러나 문학상의 로망주의가 이 세기의 한 중간에서 자취를 감춘다고 해서 그 갖가지 메시지와 희망도 함께 사라져버린다는 것인가? 1848년 12월의 선거에서 라마르트틴이 겪었던 쓰라린 패배는 이 점을 매우 뚜렷이 보이게 한다. 하나의 유산된 혁명에 불과했던 것을 그해 6월에 난폭하게 짓밟고, 이어 1851년 12월에 [루이-나폴레옹에 의한] 쿠데타를 인정함으로써 부르주아지는 로망주의의 고결함과 생-시몽이나 푸리에의 유토피아 사상에 결정적으로 등을 돌려, 미친 듯한 진보의 경주에 뛰어들었다. 민중들도 이 경주에 참가하지만 아무런 이익도 얻지 못한다. 1870년의 제2제정의 몰락과 [1871년의] 파리 코뮌은, 부르주아의 번영의 시기에, 경제사에 유례없는 성공으로 눈이 먼 가진 자들과 스스로 끊임없이 역사를 만들어오는 가운데 처음으로 "눈을 뜬" 노동자들 사이의 도랑이 얼마나 깊은 것이었는가를 명백히 보여줄 것이다. 라므네, 프루동 그리고 마르크스가 하게 되는 발언은 빈말이 아닌 것이다.

사물과 인간과 **역사**의 무게가 더욱 무거워지는 이 반세기는 이것 또한 무거운 의미를 지닌 낱말, 곧 사실주의로 문학을 부각시키게 된다. 물론, 우리가 이미 보았듯이 발자크나 스탕달도 그들이 살고 있는 세계의 "현실réalité을 그리기" 위해 노력했다. 그러나 1850년 이후 이 현실이 보다 강압적이고 보다 많은 문제를 띠게 될 때, 작가들의 목표는 더 이상 "그리는" 것으로 그칠 수 없다. 그들은 "설명"하고 싶어지고, 혹은 줄곧 현실un réel을 정복해 가는 매혹적인 "탐험"에 스스로 빠져들어 가고 싶어진다.

과학의 눈부신 공적이 이루어지는 시대에, 이러한 설명의 욕구는 분명 사상가들을, 그리고 콩트[1798-1857]의 실증주의와 그 후계자들의 과학만능주의가 도그마로 삼은 "객관성"의 길을 문학 속에서 찾아보려는 작가들을 유혹하지 않을 수 없었다. 비평과 역사는 이 새로운 정신을 향해 자발적으로 열린 최초의 영역이 된다. 그러나 물론, 샹플뢰리의 이론적인 첫 시도로부터 플로베르의 놀라운 기도를 거쳐 졸라의 자연주의가 성공을 거두기까지, 문학에서 사실주의—상이하고 독창적인 탐구의 다양성을 이 낱말 하나로 충분히 설명할 수는 없지만—의 가장 훌륭한 모범을 제시하게 되는 것은 소설 장르이다. 시도 이러한 현실의 유혹을 모면하지 못하며, 뒤에서 보듯이 파르나스파Parnasse의 에피소드도 진정한 시적 사실주의란 대체 어떠한 것일 수 있었는가를 밝혀내지는 못하나, 현실—그들은 이 현실을 묘사하거나 설명할 뿐, 결코 재검토의 대상으로 삼지는 않는 것이다—의 여건에 대한 순종의 투시도 속에 어느 정도 자리를 잡는다.

그런데 바로 이 현실의 "준수[·관찰]observation"—이 말의 모든 의미에서의—는 현실 그 자체도 이의제기를 받을 수 있는 것임이 인정되는 그 순간부터 이론의 여지를 남기게 되었다. 따라서, 이 반세기 동안 줄곧 사람들이 일어서서 파악하기가 더욱 어렵고 어쨌든 결코 정의할 수 없는 또 *하나의* 현실의 이름으로 사실과 그 논리의 구속을 거부하는 모습을 보게 될 것이다. 이렇게 해서 보들레르는("시란 *가장 현실적인* 것이며 오직 또 *하나의 세계*

*에서*만 완전히 진실한 것이다"라고 그는 쓰게 된다) 새로운 현실의 매혹적인 탐구와 그 어려운 표현에의 길로 문학을 이끌어가는 최초의 사람이 될 것이다. **자아**와 세계의, 그리고 그것들의 언어의 신비로운 깊이로 이루어지는 이 새로운 현실은 랭보, 베를렌 혹은 말라르메가 그의 뒤를 이어 계속 답사하게 된다. 역시 마찬가지로 바르베 도르비이와 빌리에 드 릴라당과 같이 환상적이고 "초자연주의적"인 소설가들, 혹은 세기말의 위스망스와 같은 "퇴폐적인décadents" 소설가들도 소설을 위협하고 있던 동맥경화로부터 이를 구출하게 될 것이다.

묘사하고 설명해야 할 하나의 현실, 혹은 도달하고 탐험해야 할 또 하나의 다른 현실, 이 두 개의 서로 겨루는 유혹을 우리는 이제 우리 문학에서 가장 풍성한 반세기의 하나인 이 기간 전체에 걸쳐 해설해야 하는 것이다.

제1장 실증주의의 역사와 비평

아마도 퓌스텔 드 쿨랑주[1830-1889]의 역사 저작에서 보게 되는 그 교조주의dogmatisme의 배후에는 1830년부터 1842년에 걸쳐 오귀스트 콩트가 강의[정확히는 간행]한 예의《실증철학강의》의 본질적인 영향이 가장 명백하게 드러나고 있다. "실증적 단계"—콩트에 의하면 현상을 지배하는 사실상의 법칙을 발견하는 것이 바로 이 단계에서의 인간 정신의 임무다—의 원리를 받아들임으로써,《고대도시》(1864)와《고대 프랑스 정치 제도사》(1875-1892)의 역사가는 사실의 엄밀한 대조, 객관적 분석, 표현의 절제 등 새로운 역사 방법론의 여러 규칙을 뚜렷이 확립했다. 그는 이렇게 쓴다

> 역사는 예술이 아니라 하나의 순수 과학이다. 그것은 즐겁게 이야기하거나 깊이 있게 논술하는 데 있는 것이 아

니다. 다른 모든 과학과 마찬가지로 그것은 사실을 확인 하고 분석하고 대조하고 그 관계를 부각시키는 데 있다.

이와 똑같은 정신을 가지고, 또 비평에 있어서 생트-뵈브가 이룩해 놓은 발전을 보다 과학적인 탐구 형식으로 더욱 밀고 나감으로써, 거의 같은 시대에 활동한 두 사람, 이폴리트 텐(1829-1893)과 에르네스트 르낭(1823-1892)은 새로운 세대의 비평가와 역사가의 특징을 보여주게 되었다. 작가이자 "과학자"인 이 두 사람 가운데 확실히 텐이 보다 기계론적이고 보다 단정적이었다. 그는 이렇게 쓴다.

> 모든 감정, 모든 관념, 인간 마음의 모든 상태는 각기 그 나름의 원인과 법칙에 의해 생겨난 것이며, 역사의 미래는 모두 이 원인과 법칙의 탐구에 있다. 역사적 · 심리학적 탐구와 생리학적 · 화학적 탐구의 동일시, 이것이 곧 나의 목적이며 중심 사상이다.

두 개의 대원리가 그의 학설을 지배하고 있다. 조건지음*conditionnement*의 원리와 주요 기능*faculté maîtresse*의 그것이다. 이 원리들은 그가 쓴 두 권의 문학 비평서, 《라

퐁텐의 우화에 관한 시론》(1853)과 《영문학사》(1864) 속에 지나칠 만큼 노골적으로 나타나게 되며, 후자에서는 작가와 그 작품들이 인종·환경·시대라는 3중의 조건 지음의 작용에 의해 "설명"되고 있다. 텐은 미학(《예술철학》, 1865), 심리학(《지성론》, 1870), 또는 역사(《현대 프랑스의 기원》, 1875-1894)의 영역을 다루면서도 이 엄밀히 결정론적인 학설을 계속 충실히 지키며, 이 학설은 특히 생트-뵈브의 공격을 받게 되는 그 지나친 단순화에도 불구하고 세기말까지 많은 신봉자들을 모으게 된다.

르낭의 《과학의 장래》(1848년에 씌어졌으나 1890년에야 발간된 저술)의 유명한 몇 페이지를 읽다 보면 그 역시 자기 동시대인[텐] 못지않게 차가울 만큼 체계적이라고 생각되기 쉽다. 그는 이렇게 쓰고 있지 않은가?

> 관찰자의 끈질긴 조사, 천문학자가 쌓아놓는 숫자, 박물학자의 길다란 열거는 미美의 감정을 일으키기에 그다지 적합하지 않을 것이다. 아름다움은 분석 속에 있는 것이 아니기 때문이다. 그러나 진실한 아름다움, 인간의 환상이 지어내는 픽션에 의지하지 않는 아름다움은 분석의 결과 속에 감춰져 있다.

사실을 말하면, 마르슬랭 베르틀로[화학자·정치가, 1827-1907]의 친구인 이 브르타뉴 출신의 문헌학자, 또한 종교학과 과학신앙이 사이좋게 어울렸던 이 민감한 회의주의자에게서는 비판정신이 방법론상의 요구 때문에 질식된 적은 결코 없었다. 그는 **과학**의 여신의 열렬한 신봉자이지만 자신의 추론과 결론에 뉘앙스를 간직할 줄 안다. 그는 겸손하게 쓰고 있다. "나는 확실한 것을 확실한 것으로, 개연적인 것을 개연적인 것으로, 그럴 수도 있는 것을 그럴 수도 있는 것으로 제시하고자 한다." 그는 그가 남긴 수많은 역사 저작에서 종교 현상을 다른 경우와 마찬가지로 기록된 자료나 고고학상의 흔적에 의거하여 설명할 수 있는 역사적 사실로서 분석하려고 노력하고 있다(특히 1881년에 완성을 보게 되는《기독교 기원사》제1권《예수의 생애》, 1863). 또한 그는 1858년에《언어의 기원에 관한 시론》을 발표하여 문헌학에 관한 초기의 과학적 연구에도 영향을 미쳤다. 그러나 1870년 이후 노년에 접어든 르낭은 훨씬 더 상대주의적인 사상을 띠게 되며, 1883년의《어린 시절과 젊은 시절의 회상》에 수록된 유명한 〈아크로폴리스에서 올린 기도〉에서는 놀랍게도 바로 그의 펜에서 아름다움에 대한 서정적 찬가(그것은 1848년의 과학주의적 텍스트와는 현저하게 대조적이다)를 읽게 된다.

> 오 고결함이여, 오 단순하고 진실한 아름다움이여! 여신이여, 그대를 경배함이 곧 이성이요 지혜로다. 그대의 신전은 양심과 성실의 영원한 교훈이로다. 그대 신비의 문턱에 닿는 내 발길 늦었도다. 그대의 제단에 바치는 내 후회 크도다. 그대를 찾기 위해 내게는 끝없는 탐구가 필요했도다. (…)

사실 과학은 그동안 그 자신이 문학의 영역에 기여할 수 있는 것이 무엇인가를 보여주었지만, 한편 결코 완전히는 자기 것이 될 수 없는 "차원"에서의 스스로의 약점과 한계도 또한 드러내고 말았던 것이다.

제2장 사실주의와 자연주의

I. 플로베르(1821-1880)와 사실주의의 귀결

> 내 안에는, 문학적으로 말해서, 서로 전혀 다른 두 사내가 있습니다. 하나는 수다와 서정과 독수리의 비상과 문장의 온갖 음향과 관념의 정점에 열중하는 사내, 다른 하나는 가능한 한 진실을 파헤쳐 탐색하고, 진실한 것이라면 크건 작건 이를 다 같이 강력히 드러내길 좋아하며, 자기가 재현하는 것들을 될 수 있으면 남에게 거의 물질적으로 실감케 하려는 사내.

플로베르가 1852년 그 자신을 놓고 내린 탄복할 만한 정의이다. 1821년 루앙에서 태어난 그는 실제로 젊은 시절부터 아직 로망주의자의 그것에 가까운 열정적인 기질을 나타낸다. 엘리자 슐레쟁제[플로베르의 이른바 "영원의 여성". 《감정교육》의 아르누 부인 등, 그의 여러 작품에 나타나는 여성들의 모델]를 향한 뜨거운 열정, 위고, 바이런, 괴테에 대한 열렬한 찬미, 《스마르》(1839)나 《어느 미치광이의 수기》(1838)처럼 격렬하거나 절망적인 이야기의 집필. 그러나 1844년, 작가로서의 일에 전적으로 헌신할 것을 결심하고 크루아세의 가족 소유지에 물러앉게 될 때부터 플로베르의 프로필은 변하는 것 같다. 생물학의 진보에 매료되고 생리학적 결정론의 이론에 반한 성년의 모습 아래, 부친이 외과 의사를 맡고 있었던 루앙 시립병원의 의학적 환경 속에서 오랫동안 길러진 소년의 얼굴이 다시 나타난다. 바로 여기에, 문학을 악착같이 과학의 법칙에 복종시키려 하고, 말에 의해 생활 속의 실제의 일들 "못지않게 진실한" 느낌을 부여하려고 결심한 플로베르의 신화가 그 뿌리를 내리게 된다. 그러나 문헌 자료에 파묻힌 작가, 혹은 엠마Emma의 단말마의 고통을 기술하기 전에 먼저 비소를 맛보고 그 극통에 자신을 맡긴 작가의 이미지는 그것이 아무리 분명할지라도 역시 일면적이고 왜소화된 것이다. 플로베르가 일생 동안 루이즈 콜레[시인, 한때 플로베르의 애인, 1810-1876], 루이 부예[시인·극작가, 1822-1869], 막심 뒤캉[작가, 1822-

1894]과 같은 몇몇 각별한 친구들과 교환한 그 방대한 《서한집》은 위의 이미지보다 훨씬 복잡한 하나의 인물과 문학적 기도를 엿보이게 한다.

물론 플로베르의 작품이 현실에 대한 성실성과 객관성의 유파로서 발자크 및 스탕달의 사실주의의 연장, 아니 오히려 그 초월임을 진정으로 의심할 수는 없다. **관념학파**의 애독자이며 아마추어이긴 하나 생리학과 병리학에 밝은 그에게는 삶에 "의학적 시선"을 던지려는 한결같은 관심이 있어 문학 작품의 엄밀한 창작이 이 "시선"을 그대로 재생하게 된다. 이런 의미에서 그에게는 비록《살람보》(1862)와 같이 상상력과 정열의 작품이라 할지라도 우연에 맡겨진 것이 전혀 없다. 묘사 하나하나가, 역사적이거나 회화적인 세부 하나하나가 모두 철저한 자료 조사와 관찰의 소산인 것이다. 1869년에 발간된《감정교육》의 경우 그는 몇백 시간을 소비하면서 정치잡지를 조사하여, 1840-1850년대 파리의 분위기를 가장 근사하게 복원하려고 했다. 사실주의 소설의 걸작《보바리 부인》(1857)의 그 유명한 묘사에 관해 말한다면, 이들 묘사는 플로베르가 발자크의 철저성과 스탕달의 예민함을 다 같이 얼마나 훌륭하게 자기 것으로 할 수 있게 되었는가를 충분히 증명해 준다. 어느 곳에서는 작가의 시선이 대상의 치밀한 분석에 빠져든다.

> 엠마는 램프 갓을 기계적으로 돌리며 그[의 시 낭독]에 귀를 기울이고 있었다. 갓을 씌운 얇은 천 위에는 마차를 탄 어릿광대들과 장대로 균형을 잡으며 줄을 타는 여자 곡예사들이 그려져 있었다.

다른 곳에서는 작가의 시선이 어떤 작중인물, 이를테면 샤를의 시선 뒤에 숨어버린다. 우리는 이 샤를의 시선에 의해 처음으로 엠마가 등장하는 것을 보게 된다.

> 밑단을 세 겹 자락으로 장식한 푸른 메리노 천의 드레스를 입은 젊은 여자가 문간으로 나와 그를 맞았다. (…) 샤를은 그녀의 하얀 손톱에 놀랐다. 빛나고 끝이 가늘었고 디에프Dieppe의 상아 세공보다 더 깨끗했으며 아몬드 모양으로 잘려있었다. 손은 그러나 아름답지 않았다. 어쩐지 더 창백해야 할 것 같았고 지골도 좀 앙상했다.

끝으로, 또 다른 곳에서는 객관적이며 "전시적"인 문학의 정의에 완전히 부합하는 저 상세한 대화폭들—엠마의 결혼식, 보비에사르Vaubyessard에서의 무도회, 루앙에서의 오페라 구경의 저녁—에 걸맞게 작가의 시선이 광범해지고 또한 득의양양해진다. 플로베르는 쓰고 있다. "상황을 묘사하고, 있는 그대로의 자연을 보여야 한다. 그러나 묘사는 완전해야 하고 사물의 표면과 이면을 그려야 한다." 졸라가 1875년 11월의 한 논문에서 플로베르를 자연주의의 위대한 선도자로, 또《보바리 부인》을 이 "유파"의 걸작으로 받들었을 때 그가 염두에 둔 것은 분명히 "모든 것을 자연스럽게" 쓰겠다는 의지였다.

> 《보바리 부인》을 그 전형으로 하는 자연주의 소설의 제일차적 성격은 삶의 정확한 재현이며, 모든 소설적 romanesque 요소의 결여다. (…) 그것은 예술과 과학의 기념비다. 그것은 정확히 삶이다.

그러나 졸라가 바로 들추어낸 이 "모든 소설적 요소의 결여"에 대해 의견의 일치를 보아야 한다. 플로베르에게서의 문제는 단순히 전통적 소설romanesque, 특히 로망주의적 소설의 관습과 안이성의 추방뿐만이 아니라, 더 나아가서는 자신의 소설roman 세계에 대한 창조자의 어떤 특이한 초탈이다. 그의 소설들이 각기 보이고 있는 것은 역사적 혹은 사회적 현실이라기보다 훨씬 더 그가 소설의 공간 속에 뚜렷이 범위를 정해놓은 한 세계에 대해 작가 자신이 던지는 빈정거리는, 환멸에 찬, 또는 경멸이 담긴 시선이다. 이 점에서 무엇보다도 큰 의미를 갖는 것은 그가 자신의 작중인물들 모두에게 드러내 보이는 멸시다. 한편에서는 샤를과 오메의 범속함과 똑같이 엠마의 방자한 몽상을 비웃고, 또 한편에서는 용기héroïsme 없는 주인공héros이며, 마치 모든 열정과 신념을 잃어버린 라스티냐크와도 같은 프레데리크 모로의 소심함을 비꼬며, 게다가《부바르와 페퀴셰》(1881)에서는 프티 부르주아의 어리석음을 무수한 형태로 나타내 보인다. 아마도 이 점이 그의 모든 소설을 문학의 실패인 동시에 실패의 소설임을 설명하는 것이리라.《보바리 부인》이나《부바르와 페퀴셰》에서는 연애 또는 직업상의 실패,《살람보》나《감정교육》에서는 헤로이즘 내지 역사의 실패. 플로베르에게서 옮겨 써야 할 어떤 현실un réel의 매혹은 필연적으로, 옮겨 씌어지긴 하나 항상 불충분한 현실la réalité에 대한 일종의 무관심, 더 나아가서 일종의 증오의 형태로 지속되기에, 객관성을 지향하는 그의 의지는 결국 미에 대한 이상주의 혹은 문학적 "니힐리즘"의 색채를 띤 갖가지 놀라운 갈망으로 끝나게 된다.

> 내게 아름답다고 생각되는 것, 내가 만들고 싶은 것은 어느 것도 대상으로 삼지 않은 책, 외부에 전혀 매인 데 없이 스스로의 문체의 내적 힘만으로 이루어지는 책입니다.

미에 대한 찬가로 표명되고, 사물의 현실로부터는 그 사물에 포함되는 관념적 성격을 표현할 구실만을 취하려는 듯한 사실주의란 참으로 괴상한 사실주의이다. "나는 내게 보이는 모든 것을 쓰고 싶지만, 있는 그대로가 아니라 변용된 모든 것입니다." 그렇다면 이 "변용"을 소위 "삶에 대한 의학적 시선"과 어떻게 양립시킬 수 있을 것인가?

플로베르의 소설들이 이중성격을 가졌음을 부정할 수 없다. 부정되기는커녕 이 이중성격이 그의 소설의 독창성을 이룬다. 이야기로서의 측면에서 볼 때, 이 소설들은 모두 "어떤 것"을 이야기하고 있는 문학 작품objets littéraires이지만, 언술로서의 측면에서는, 저자 자신의 말처럼, "문체가 그 자체만으로 사물을 보는 하나의 절대적인 방법으로 되고 있는" 작품œuvres이다. 그리고 이 점은 우선 플로베르에게서 형식의 조탁에 대한 엄청난 고역을 의미한 것으로 알려지고 있다. 모파상은 플로베르의 "목"시험["목"을 뜻하는 'gueuloir'는 플로베르의 상투어. 그는 자주 자신의 원고를 큰소리로 낭독하면서 추고했다고 한다]을 묘사하여 이렇게 말한다.

> 그는 자기 산문의 리듬에 귀를 기울이고 사라지는 음향을 붙잡으려는 듯 낭독을 멈추고, 음조를 조합하고, 동일 내지 유사 모음의 중복을 피하고, 긴 길을 갈 때의 휴식처럼 의식적으로 쉼표를 배치하는 것이었다.

그러나 보다 근본적으로는, 형식에 대한 이 준엄한 완벽주의는 플로베르에게서 문체가 이미 어떤 사상의 표현 수단일 뿐만 아니라 사상 그 자체임을 나타내고 있다. 지금까지 그의 소설에는 실제적이며 내용이 풍부한 줄거리가 전혀 없음이 충분히 이야기되어 왔다. 이 점을 처음 강조한 사람은 졸라다.

> 아무리 간단한 것이라 하다라도 줄거리라는 것이 전혀 없다. 이 소설은 줄곧 앞으로 나아가기만 하고, 그날그날의 일을 이야기하며 (…) 기껏해야 삼면 기삿거리를 제공할 뿐이다.

사실 어느 신문의 재판 기사에서 받아 온《보바리 부인》의 줄거리는 극히 빈약하다. 이것은 무의미의 소설이다. 그리고《감정교육》의 줄거리는 주인공의 몽상에만 잠기는 비활동성과 수동성만으로 이루어져 있다. 이것은 우유부단의 소설이다. 그러나 줄거리는 어느 경우에도 다른 곳에 있다. 다시 말해서, "우리 문학의 가장 특이한 석회천石灰泉"(장 프레보)의 언어의 두께로, 소설의 등장인물들을 둘러싸고 있는 사항과 일상생활의 활기나 무기력을 성공적으로 표현해 내는 기량과 말의 기술의 저 은밀한 작업 속에 있는 것이다. 엠마와 레옹이 다정하게 산책하고 있을 때, 플로베르는 우리에게 이 한 쌍의 심리분석도, 이 장면의 정확한 기록도 전해주지 않는다. 표현이 부족한 것이 아닐까… 그러나 여기서는 묘사가 줄거리를 대신하고, 묘사가 줄거리 그 자체로 된다. 이 묘사는 그 면밀함과 그 반과거형이 나타내는 나른함에 의해 감정의 강도를 (스스로는 이를 말하지 않으면서도) 무엇보다도 훌륭하게 암시한다.

> 어쩌다 등심초 끄트머리나 수련 잎 위에 발이 가느다란 곤충 한 마리가 기어가거나 앉아있곤 했다. 부서지면서 이어지는 물결의 작고 푸른 물방울들 속으로 한 줄기 햇

빛이 스며들곤 했다. (…) 무아재비들이 돋아나 있었다. 보바리 부인이 지나가면서 펼쳐 든 양산 가장자리로 스치자 그 몇몇 시든 꽃들은 노란 가루가 되어 떨어지곤 했다.

마찬가지로 《감정교육》 제2고[이른바 결정고]의 줄거리가 주인공의 무기력·범속한 정열·진부한 꿈("프레데리크는 사람들이 생각하는 대로 모든 것을 생각하고 사람들이 꿈꾸는 대로 모든 것을 꿈꾼다…") 속에 희석되어 버리는 것은 바로 이 줄거리가 소설의 주제들 완선히 구성할 수 없기 때문이다. 또한 플로베르의 단어나 문장들도 진짜로 소설의 내용을 구성하고 있지 않으며, 따라서 내용은 차라리 공백이나 침묵을 통해서 간파되어야 하는 것이다. "내가 보기에 《감정교육》에서 가장 아름다운 것은 문장이 아니라 공백이다"라고 프루스트는 쓰고 있다. 독자를 당황케 하는 이 소설에는 사실 시간의 끝없는 길이와 무기력만이 제시되어 있어서, 루카치[1885-1971]가 쓰고 있듯이, 끝내는 이 텍스트의 진정한 주제가 되고 만다.

프레데리크 모로의 생활은 그를 둘러싸고 있는 세계와 똑같이 일관성이 없다. 서정성의 차원에서건, 이의제기의 면에서건, 그의 내면은 이러한 공허와 균형을 이룰 만한 감동적인 힘을 가지고 있지 않다. 이 소설의 모든 이질적인 조각들을 다듬고 연결해 주는 통합 원리는 견제를 받지 않고 중단 없이 이어지는 시간의 흐름이다.

그렇다면 이 모호한 작품은 사실주의의 역사에서 어떤 위치를 차지하는가? 플로베르는 1874년부터 1881년까지 자연주의 세대의 한 가운데서 세 편의 반사실주의 선언, 또는 세 편의 조소적 희화로 간주될 수도 있는 세 권의 책, 《성 앙투안의 유혹》(1874), 《단편 3제》(1877), 《부바르와 페퀴셰》(1881)를 쓴다. 그러나 졸라는 이윽고 이들 작품을 열광적으로 자기 영토에 끌어들이고 플로베르야말로 자연주의의 아버지임을 온갖 수단으로 소리 높이 외친다. 아무리 매력적일지라도 이러한 관점은 거의 받아들일 수 없다. 그것은 하나의 오해에 기인한 것이다. 《보바리 부인》의 저자에게 문학이 실제로 어떤 실험expérimentation의 장소였다 하더라도, 그 실험은 현실에 대한 시도expérience라기보다 훨씬 더 언어에 대한 실험이었다. 사물의 현실보다는 문체가 플로베르의 창조의 장소였다. 그리고 만일 이 작가를 꼭 어떤 선구자로 생각하고 싶다면, 같은 시기에 보들레르가 또한 그 길을 터놓은 문학의 현대성modernité의 첫 열매를 공쿠르 형제와 졸라의 작품에서보다는 훨씬 더 말라르메나 프루스트 편에서 찾아야 할 것이다.

II. 자연주의의 여러 시도

오늘날 공쿠르 형제의 작품은 에드몽(1822-1896)이 동생 쥘(1830-1870)의 사후에도 계속 쓴《일기》를 제외하고는 거의 읽히지 않는다. 비록 자연주의파의 작품대전作品大全에는 끼지 못한다 할지라도, 플로베르의 열렬한 찬미자들인 이 두 형제의 소설은 이 유파의 가장 주목할 만한 시초이다. 역사로부터 출발한(그들은《대혁명기의 프랑스 사회사》,《18세기의 미술》을 저술했다) 공쿠르 형제는 자료 수집, 그 체계적인 이용, 엄격한 논증 등 역사적 방법들을 정확히 소설에 적용하려고 한다. 그들은 말하고 있다. "역사가들은 과거를 이야기하는 사람들이며 소설가들은 현재를 이야기하는 사람들이다." 두 형제는 이제 사실과 성격의 진실을 가차 없이 추적함을 기본적인 관심사로 삼으면서 이 과업에 전념하려고 한다. 따라서 그들은 대부분의 작중인물들을 자기들의 개인적으로 체험한 현실로부터 직접 빌려온다.《수녀 필로멘》(1861)

은 루이 부예에게서 들은 루앙 자선원의 어느 간호원의 이야기이며, 《제르미니 라세르퇴》(1865)는 옛날 자기네 집에서 일하던 하녀의 모습을, 《르네 모프랭》(1864)은 어린 시절의 여자 친구의 모습을 담고 있다. 그들의 빈틈없는 "진실" 존중은 하층민이나 하층 사회계급에 대한 엄밀하긴 하나 득의양양한 묘사에 있어서도 어긋남이 없다. 어디서나 그들의 체험이 글쓰기에 앞선다. 그들은 《수녀 필로멘》을 착수하기 전에 여러 병원을 방문하고, 《마네트 살로몽》(1867)을 저술하기 전에 바르비종Barbizon의 화가들을 찾아가며, 《제르미니 라세르퇴》를 쓰기 전에 교외의 가장 비천한 지역들을 자주 드나든다. 게다가 그 경우 그들의 관심을 끄는 것은 단순히 이런저런 "사회 실정"뿐만이 아니라, 사회학적 접근보다는 훨씬 더 병리·생리학적 진단에 속하는 몇 가지 "병례病例"들이다. "우리의 모든 작품은 신경병에 근거를 두고 있다(…)"고 그들은 밝혔다. 우리는 실제로 그들의 소설 속에서 무엇이건 정상을 벗어난 것에 대한 저 한결같은 취향, 갖가지 병—이는 그러나 "사회병"의 변형에 불과하겠지만—이 어떤 육체나 두뇌의 모습으로 결정結晶되는 과정에 대한 저 매료를 지적할 수 있을 것이다. 졸라가 《루공-마카르》에서 상기하게 될 이 이야기들은 한 개인의 정신과 육체의 완만하지만 가차 없는 타락의 리듬으로서만 진행되고 있다. 《제르미니 라세르퇴》의 히스테리, 《샤를 드마이》(1860)의 조발성 광증, 혹은 《제르베제 부인》(1869)의 폐결핵과 "신비한 편집증"의 이중의 진행.

공쿠르 형제는 그들이 그려내야 할 인물상이나 광경들의 모든 뉘앙스를 가능한 한 충실히 서술하기 위해 "예술적 문장"이라고 지칭하는 새로운 문체를 사용하려고 했다. 그 목적은 독자의 마음 속에 "인간의 진실에 대한 가장 생생한 인상"이 생기게 하는 것이다. 그러나 수다스런 대화, 장황한 이야기의 되풀이, 지나치게 꾸민 묘사, 고의적인 부정확성, 게다가 멋을 부린 문체(때로는 1880년대의 "퇴폐파적" 문투의 징후가 없지 않은) 등은 전적인 진실성을 열망하면서도 인공성에 빠져버리는 시도의 한계를 나타내고 있다. 또한 자연주의라는 점에서도 공쿠르 형제의 작품은 이 유파를 망칠 수밖에 없었던 두 가지 과잉을 일찍이 보여주고 있다. 하나는 매우 빨리 낡아버릴뿐더러 문학적인 에크리튀르의 요건과 양립하기도 매우 어려운 과학만능주의적 측면이며, 또 하나는—이는 금방 참기 어렵게, 또는 진실을 왜곡되게 하는 것이지만—추악과 비정상의 사실주의에 득의양양

했다는 점이다. 다행히도 졸라는 보다 멀리 그리고 다른 방식으로 보게 된 것이다.

그러나 에밀 졸라(1840-1902) 자신에 따르면, 《제르미니 라세르퇴》를 읽은 것이 자신의 소설 창작을 시작하는 계기가 되었다고 한다. 그런데 1867년 《테레즈 라캥》의 출판 이후 그는 벌써 자연주의파(그 주요 인물로 되는 것은 앙리 세아르[1851-1924], 폴 알렉시[1847-1901], 조리스-카를 위스망스 그리고 물론 모파상이다)의 리더처럼 보이지만 그가 입은 갖가지 영향은 보다 중대하고 보다 오래된 것이었다. 우선 그가 스승이며 선구자로서 숭배한 플로베르의 영향, 또한 졸라가 대체로 정당하게, 그러나 때로는 오늘날에 보면 좀 순진할 정도로 열렬하게 찬양한 다른 "우상들"의 영향, 그는 오귀스트 콩트의 실증주의를 문학적 감동술과 조화시킬 수 있게 되며, 종의 진화에 대한 다윈의 저작에 매혹되었고, 클로드 베르나르의 《실험의학서설》[1865]은 그의 문학 이론 전체에 뚜렷이 자국을 남겼다. 게다가 뤼카 박사[1805-1885]의 유전에 관한 연구는 졸라를 그 아슬아슬한 여러 논증에 끌어들인다. 어쨌든 졸라는 본질적으로 과학의 범주에 속하는 이러한 저작들로부터, 문학이 자기에게 제공해 줄 수 있는 광대한 시도expérience의 영역에 이용될 수 있는 갖가지 응용을 끌어내려고 한 것이다.《자연주의 소설가들》(1881)과 특히《실험소설론》(1880)이라는 두 저작 속에서 명확히 밝혀질 그의 자연주의 이론은 바로 원리와 방법을 옮겨놓으려는 이 의지 속에 뿌리박고 있다.

이제부터 소설가는 사실주의자들이 하던 것처럼 현실의 관찰과 재현(설사 그것들이 꼼꼼하게 이루어진다 할지라도)만으로 만족해서는 안 되며 현실을 실험해야 한다고 졸라는 생각한다. "자연주의 소설은, 소설가가 관찰의 도움을 받아 인간을 대상으로 실시하는 진정한 시도이다." 박물학자가 동물이나 식물의 종을 관찰하고 선별하듯이, 소설가는 이제부터 인간의 종을 자기 뜻대로 다룰 수 있다.

> 실험소설은 소설가가 공중들의 면전에서 되풀이하는 시도의 조서일 따름이다. 요컨대 그 전 작업은 자연에서 여러 사실을 취한 다음, 상황과 환경의 변경으로 영향을 주어 그 사실들의 메커니즘을 연구하는 데 있다.

물론 졸라는 소설가가 학자와는 달리 자기 실험의 원인과 동시에 결과까지지도 좌우할 수 있는 자임을 모르지 않았다. 따라서 그는 보다 정확히 자기의 그 실험을 현실에 의해 보증을 얻고 결과를 인증받는, 일종의 상상력에 의한 배리에이션과 같은 것으로 생각하는 것이다.

졸라가 선택한 실험 영역은 동시대의 사회이다. 다시 말해서 "광기와 치욕의 괴상한 시대"인 제2제정의 강한 대조와 불안정의 세계, 그 풍속, 그 계급, 그 개인들이다. 1871년부터 1893년에 걸쳐 쓰인 20권의 소설로 된 그의 대작《루공-마카르》총서는 이렇게 해서 "제2제정기에 있어서의 한 가족의 자연적·사회적 역사"라는 부제를 갖게 되었다. 연속되는 다섯 세대를 통해, 또 역사와 가족이 이중으로 얽히는 연대기 속에, 이 소설가는 스스로 이름하는 바 "혈통의 숙명성에 의해, 또한 시대의 열병에 의해 결정된 한 가족의 야심과 욕망"의 전개에 우리를 입회시킨다. 생리학적 결정론과 사회적 구속, 이것이 겉으로 보기에는 전체에 대한 두 개의 큰 지력선指力線이며, 게다가 그 전체는 마치 졸라가《인간희극》의 위대한 통일과 경쟁이라도 하려 했던 듯, 작중인물들의 혈연에 의해 매우 구조화되어 있는 것이다.

그러나 자연주의의 시도가 의거했던 과학적 원리는 오늘날 아주 뒤떨어진 경우가 많아, 졸라의 작품을 이러한 원리만을 통해 판단하지는 말아야 한다. 사실 그의 작품이 뤼카나 르투르노[인류학자·진화론자, 1831-1902] 등의 주장을 예증하는 것으로서의 가치밖에 없다면 대체 무슨 값어치가 있겠는가? 그러나 이 작품은 위고나 발자크의 그것과 마찬가지로 역시 프랑스 문학 가운데 가장 환시적이고 가장 서사시적인 것의 하나이며, 게다가 그렇다고 해서 스스로의 이론적 원리를 부인하게 되는 것은 아니다. "하나의 예술 작품은 어떤 기질을 통해 본 삼라만상의 한 구석이다"라고 졸라는 쓰고 있다. 그런데 이 《선술집》(1877)의 저자의 기질은 투시자voyant를 겸한 역사가의 그것이다. 상상력은 졸라에게서 고갈되기는커녕 관찰과 시도의 결실들을 극적으로 연출한다. 때로는 개인의 타락 현상에 대한 분석이 너무나 자주 반복되어 궁색한 느낌이 들기도 하고, 때로는 그가 터무니없이 자료에만 매달리는 노예가 아닌가 생각되기도 하는 것은, 그의 재능이 다른 곳에 있기 때문이다. 졸라가 위대한 소설가인 것은 산업사회의 도래와 관련된 갖가지 역사적 대변동을 이해하고, 그것을 소설 공간 속에 잘 조직화할 수 있었기 때문이며, 그 사회에 잠재하는 모든 모순을 꿰뚫어 보았기 때문이다. 이렇게 해서 그가 《제르미날》(1885)의 동맹 파업자들의 의연한 태도를 그릴 때 그 누구도 그를 따를 수가 없으며, 그는 멸시받는 이 노동자 세계에 엿보는 자의 시선을 던지는 것만으로 만족하지 않고 자신의 비전을 통해 한 사회계급이 지니는 "시적" 능력을 고스란히 암시한다.

> 그렇다. 우리의 변두리 큰길에서 두 주먹을 불끈 쥐고 동료 하나를 선동하고 있는 노동자야말로 호메로스의 영웅, 헥토르를 욕하는 아킬레우스다. (…) 사람들은 아직 우리 변두리 지역의 풍속이 얼마나 광대하고 힘찬 배경일 수 있는지를 모르고 있다. 이곳에서 드라마는 비교할 수 없는 힘과 크기를 가지고 있다. 이곳에서 인간의 모든 감동이 있는 것이다.

따라서, 그리고 발자크나 특히 스탕달의 소설과는 반대로, 졸라의 소설 세계에서 등장인물은 제일차적인 중요성을 지니지 않는다. 그의 작품을 온통 채우고 진동시키는 것은 제르베즈[《선술집》의 여주인공], 랑티에[이 가족은 《선술집》·《제르미날》·《작품》·《인수》 등에 등장], 혹은 무레[《루공 집안의 운명》·《플라상의 정복》·《무레 신부의 과실》·《사랑의 한 페이지》·《포-부이유》·《백화점 보뇌르 데 담》 등에 등장하는 가족]의 얼굴보다도 한 시대의 무명의 힘이며, 어떤 새로운 세계의 매혹적인 신화다. 《파리의 배》(1873)의 괴물 같은 파리 중앙시장, 《백화점 보뇌르 데 담》(1883)의 미궁 같은 백화점, 《쟁탈La Curée》(1871)의 불길하고 패배할 줄 모르는 돈, 《나나》(1880)의 도박과 육욕의 파리, 《제르미날》의 광산. 확실히 졸라는 뚜렷한 병리학적 증상의 분석을 좋아하고, 여러 작중인물들에게 모든 개인적 환상들(다산, 근친상간, 살인, 광증 등)을 주저 없이 투입한다. 그러나 중요한 것은 어느 경우에나 개인의 드라마가 소설을 통해 하나의 집단적 신화의 차원으로 높여지고 있다는 점이다. 가령 "인수人獸"의 모습을 가진 기관차 "리종 호"에 대한 자크 랑티에의 혼탁한 정열 뒤에는 기계에 대한 인간의 매혹과 공포와 정신이상을 일으키게 하는 예속이 벌써 어려있다.

졸라는 생애의 종말에 이르러 자신의 소설적 자연주의의 원리가 철학적, 도덕적, 더 나아가서 전투적 자연주의의 원리와도 양립되지 않는 것이 아님을 보여주게 되었다. 그는 《세 도시》(《루르드》, 《로마》, 《파리》, 1894-1898)를 통해 교회의 전제에 대한 고발자가 되기도 하고, 세속적인 현대의 "네 복음서"(《다산》, 《노동》, 《진실》, 《정의》[이 작품은 계획만으로 끝남], 1899-1903)의 새로운 "메시아"가 되기도 하면서, 주장과 참여에 있어서 끝까지 자신의 일관성을 지킨다. 드레퓌스 사건에 즈음하여, 1898년 1월

13일 자《새벽》지紙에 실린 그의 유명한 논설 〈나는 고발한다〉는 "현실의 두터움 속에서의 창조"를 작가의 목표로 삼았던 그가 "정치란 인간의 삶으로 하여금 자연을 회피하게 하는 차원이 아니라 자연을 되찾고 그 속에 다시 뛰어들게 하는 차원"이라는 점도 또한 알고 있었음을 이미 증명하는 것이다. 1902년 아나톨 프랑스가 그의 무덤 앞에서 "졸라는 인간 양심의 한 시기였다"고 선언했을 때, 그 말투는 과장되어 있지만 적어도 우리 프랑스 사회에—두 세대에 걸쳐—일어났던 모든 결정적 현상에 대한 가장 명철한 자각의 하나에 경의를 표했다는 가치는 지니고 있었던 것이다.

Ⅲ. 사실주의와 자연주의의 군상

방금 우리가 언급한 대소설가들 주위에는 1850-1870년대에 "사실주의의 전투"를 번번이 성공적으로 수행한 소작가·무명작가들이 많다. 예를 들면 **앙리 뮈르제르**(1822-1861). 그는 1848년《보헤미안의 생활정경》으로 큰 성공을 거두었다. 다음에 **샹플뢰리**(1821-1889). 그의 유명한 연대기적 소설들(《마리에트 양의 정사》나《델퇴유 교수의 고통》)은 전통적 소설의 모든 장식, 그 틀에 박힌 주제나 표현, 그 감상성, 그 "사명", 그리고 그 시정詩情 자체에 대해서도 반대하여 쓰인 것이다. 또한《앙리에트 제라르의 불행》(1860)의 저자 **뒤랑티**[1833-1880]. 그는 1857년 샹플뢰리와 함께 생명이 짧았던 잡지《사실주의》를 주관했으며, 이 잡지에서 "연구 방향은 대중의 이성과 지적 욕구 그리고 흥미에 의해 정당화되는 것이므로 생활 환경에 대한 정확·완전·성실한 재현"을 "진실·유용성"의 이름으로 찬양하는 사실주의 이론의 중요한 슬로건들이 나타났다.

알퐁스 도데(1840-1897)의 작품은 겉보기에 협착한 사실주의와 자연주의의 방법이 어떤 형태의 시詩와 양립할 수도 있었음을 나타내고 있다는 의미에서 우리에게 보다 흥미롭게 보인다. 도데는 확실히《나바브》나《사포》같은 작품에서 볼 수 있듯이, 공쿠르 형제와 졸라식의 풍속소설의 작가였다. 그러나 그에게는 프로방스 사람다운 활기와 유머가 있었기에 어떤 경우에도 염세주의나 경화된 과학만능주의에 빠지는 일이 없었다. 따라서 후세의 사람들은 그를 특히《풍찻간 소식》(1869),《프티 쇼즈》(1868),《월요일 이야기》(1873), 혹은《타르타랭 드 타라스콩》(1872)과 같은 풍미 있는 작품들의 저자로서 기억하는 것이다. 이들 작품은 다 같이 적절한 관찰자의 장점과 그가 실제로 그러했던 흥취 있는 "향토 시인"으로서의 재능을 즐겨 뒤섞은 텍스트들이다.

모파상(1850-1893)의 독창성은 도데의 그것과는 반대로 사실주의와 자연주의의 시도의 한계에까지 나아갔다는 점이다. 그는 발자크의 예찬자였고, "메당의 저녁"[파리 근교 메당Médan에 있는 졸라의 별장에서 모임을 계속했던 젊은 자연주의 작가들이 1880년《메당의 저녁》이라는 제목의 공동 단편집을 발간한다]에서는 졸라의 제자였지만, 실제로는 플로베르에게서 직접 받은 교훈이 특히 깊은 영향을 그에게 남겼다. 그는 플로베르의 기법 중에서도 명확한 뜻을 나타내는 세부를 악착스럽게 강조하는 그 방법과 사실적인 동시에 독창적인 표현에 대한 관심을 끝까지 지니게 된다.

> 그는 나에게, 어떤 인물이나 어떤 사물을 단 몇 줄의 문장으로 뚜렷이 개별화하고, 같은 종족의 다른 모든 인물이나 같은 종류의 다른 모든 사물과 구별될 수 있도록 표현하라고 촉구했다.

《비곗덩어리》(1880)의 성공으로 용기를 얻은 그는 말하자면 노르망디 지방의 농민 풍속 연구와 같은 것으로 구상된 일련의 단편소설들을 계속 발표한다. 〈노끈〉이나 〈벨롬 양반의 벌레〉같이 흔히 짤막한 이들 이야기에는 적절하고 환기력이 풍부하며 불안감마저 유발시키는 세부에 대한 이 작가의 취향이 도처에 나타나고 있다. 그는 쓰고 있다. "사실주의자는, 그가 만일 예술가라면, 인생의 실사實寫가 아니라 현실 그것보다 더 완전하고 더 매력적이며 더 확실한 인생의 비전을 우리에게 제시하고자 할 것이다." 그런데 모파상에게서 이 비전은 일종의 니힐리즘의 성질을 띠고 있다. 그것은 이 소설가가 신이나 종교적 기만만이 아니라 과학과 인간적 재능이 약속하는 것까지도 부정하고 있음을 말해주는 것이다. "세계는 어느 구석에서건 영원하고 보편적인 어리석음, 허물어지지 않으며 절대적인 힘을 가진 어리석음만을 보여준다." 《벨아미》(1885)나 《피에르와 장》(1888) 같은 중요한 소설들의 에크리튀르는 바로 이 어두운 염세주의로 특징지어진다. 그러나 아마도 〈공포〉나 〈오를라〉처럼 무섭도록 불안에 찬 말년의 단편소설들nouvelles 속에서 이 창작가의 모든 고뇌가 가장 잘 이해될 것이다. 미쳤거나 환각에 사로잡힌 자신의 작중인물들처럼 이 작가는 현실과 자기 자신 속에 괴물의 존재를 예감하고 그 고통으로 정신이 착란되고 만다. 현실을 제어하거나 글쓰기에 의해 현실을 극복할 수 없는 그는 〈오를라〉의 희생자처럼 다음과 같이 외쳤는지도 모른다. "그놈은 죽지 않았다… 그렇다면… 그렇다면… 내가 죽어야만 한다, 내가!" 그는 1893년 블랑슈 박사의 그 불행히도 유명한 [정신]병원에서 미쳐 죽는다.

이 사실주의와 자연주의의 사화집詞華集에 **쥘 발레스**(1832-1885)의 이름을 첨가하자. 그는 시종 당시의 여러 문학적 유행의 테두리 밖에 머물러 훌륭한 3부작《자크 뱅트라》(《소년》1879,《대학입학자격자》1881,《반란전사》1886)로 사회 고발문학의 가장 좋은 본보기를 남겼다. 바레스는 동시대 사람들처럼 체계적 객관성을 결코 뽐내지 않고, 한 사회의 비열함과 멸시와 부정을 완벽하게, 때로는 잔인하게 묘사할 줄 알았다. 그리고 이 사회는 **옥타브 미르보**[1850-1917]의 솟구쳐 오르는 상상력을 통해서도, **샤를-루이 필리프**[1874-1909]의 보다 얌전한 원망의 목소리를 통해서도 역시 엄중히 비판을 받기 마련이었다.

제3장 예술을 위한 예술과 현대 파르나스파 사실주의의 시?

I. 유혹과 거부

파르나스파의 기도企圖를 사실주의의 시적 면모로 파악한다는 것은 매력적인 생각이다. 그러나 1850-1870년대의 시인들이 같은 시기에 동시대 소설가들을 사로잡고 있던 모든 것들, 즉 과학, 진실, 방법, 그리고 문학적 객관성이라고 하는 끝없는 환상을 모를 수 없었다는 사실을 제외한다면 이러한 혼동을 정당화해 주는 요소는 거의 없다. 그런데, 사실을 향한 경주에 있어서 르콩트 드 릴과 그의 친구들을 졸라와 공쿠르 형제의 경쟁 상대로 여길 수 있는 것은 르콩트 드 릴과 샹플뢰리가 6개월의 간격을 두고 각기 중요한 이론 선언을 발표했기 때문이 아니다. 그보다는 19세기 후반기 초의 풍토와 이론

논쟁이 몇몇 시인들로 하여금 시적 언어의 성격과 시쓰기의 의미를 새롭게 성찰하지 않을 수 없게 했다고 말하기로 하자. 이렇게 해서 사실주의나 실증주의는 파르나스파에 영향을 줄 수는 있었으나, 파르나스파를 유발시킨 것은 아니며, 더구나 그것만으로 파르나스파를 정당화한다거나 설명하기에는 부족하다.

이 새로운 시의 경향을 출현케 한 훨씬 더 결정적인 요소는 로망주의 그 자체의 헐떡임이었다. 사실 로망주의는 그 지나침으로, 그 과잉으로 말미암아 스스로에 대한 반동을 자초하지 않을 수 없었다. 이 점에서 본보기가 되는 것은 테오필 고티에(1811-1872)의 시적 도정이다. 그는 "에르나니 전투"에 임하여 "현대파"의 가장 맹렬한 옹호자의 한 사람이었지만, 곧 로망주의적 시도의 약점과 한계를 자각했다. 과도한 서정성, 틀에 박힌 회화적인 것이나 이국취향에서의 자기만족, 사회참여나 정치참여의 효과 없는 "기분풀이".

이렇게 해서 그의 이른바 "예술을 위한 예술"의 이론이 맨 먼저, 파르나스파들의 이론에 앞서, 시적 실천의 장소와 내깃돈을 심정의 허울뿐이거나 단정치 못한 깊이로부터 공간과 사물의 보다 청명하고 보다 순결한 외부로 옮겨놓는다. 또 이렇게 해서 주의 깊고 교양 있는 여행가의 영감이 고루 스며있는 그의 주요한 두 시집, 《에스파냐》(1845)와 《칠보와 카메오》(1852)는 표현이 감정을 이기고 조형이 메시지를 이기는 시로의 복귀를 나타낸다. 예측할 수 있듯이, 로망파의 안이한 태도에 의해 이따금 희생되었던 고된 작업의 엄격함과 그 길에 의거한 시다.

> 그렇다, 작품은 한결 아름답게 나타난다,
> 갈고 다듬어도 까다로운
> 형태로부터.
> 시구, 대리석, 줄마노, 칠보.

고티에의 시 작품이 증명하는 바와 같이 로망주의가 느끼고 있던 이런 종류의 회한이나 자책 속에서 파르나스파에 의한 "부활"의 근원을 찾아야 한다. 미美에 대한 숭배는 이제부터 이 부활의 기본적인 특색으로 될 것이다.

II. 스승 르콩트 드 릴

고티에는 파르나스파의 선구자였다. 르콩트 드 릴(1818-1894)은 공인되고 존경받는 그 스승이었다. 레위

니옹 도島에서 태어난 이 시인의 경력에 이정표처럼 늘어서 있는 환멸들, 특히 정치적 환멸은 왜 그의 작품이 《에스파냐》의 저자의 그것보다 더 단호하게 "개인적인 주제와 너무 자주 반복되는 그 변주…"에 등을 돌리게 되었는가를 설명해 줄 수 있으리라. 르콩트 드 릴에게 시는 무엇보다도 수치와 자제와 신중의 행위다.

비록 내 말 없는 오만 속에, 영광 없는 무덤 속에,
영원한 어둠에 싸여 삼켜질지라도,
나는 너에게 팔지 않으리 내 도취도 내 고통도!

현실의 공격을 막기 위한 피난처로, 또 **자아**의 현기증 나는 내면과의 거리의 유지로 구상된 이 조심성의 시는 바로 "숭고한 형태에 대한 차분한 관상觀想"에 근거를 둔다. 그것은 다시 말하여, 이 조심성의 시에 있어서는 오로지 "몰개성적인" 대주제나 광대한 "영원의" 테마만이 영감의 힘에 따르고 있다는 뜻이다. 고대 인도 및 희랍 세계의 역사와 철학과 문명을 복원하려는《고대시집》(1852)과 성서적 이스라엘에서부터 르네상스 이탈리아에 이르기까지 사라진 문명의 다발을 보다 넓게 안으려는《야만시집》(1862)은 이와 같이 역사적인, 그리고 문화적인 이중의 "환경전환"의 도정을 보여준다. 그렇게 함으로써 시인은 끊임없이 그를 괴롭히고 있으나 그렇다고 항상 뛰어넘을 수 없는, 저 일상 생활의 염세주의로부터 자기를 방어하려고 하는 것이다.

아! 그 모든 것, 청춘과 사랑과 환희와 사상도

(…)

영원할 수 없는 그 모든 것들이 무슨 소용인가?

그러나 주제 선택만이 르콩트 드 릴의 시법의 결정적 특징은 아니다. 그에게 있어서 작품의 모티프와 주제의 "비개성화"는 고티에의 경우와 마찬가지로 순수하고 절대적이며 초월적인 **미**를 시 속에 출현시키려는 욕구와 하나가 된다. 이러한 의도를 실현하기 위해 그는 과학의 진보와 그 방법의 심화로부터 격려를 얻을 수 있다고 생각한다. 그는 이렇게 쓰고 있다. "**예술**과 **과학**은 각기 방향이 다른 지성의 노력의 결과 오랫동안 분리되어 왔으나 이제 서로 혼합되지는 않더라도 긴밀히 결합되어야 한다." 미적 객관성을 창출하는 유일의 수단인 시적 작업은 그 면밀함과 진지함에 의해서 시의 자유와 우연성을 과학의 엄밀함과 화해시키는 데 기여할 수 있다는 생각이다. 그러기 위해서 시인은 역사가와 마찬가지로 사실과 자료를 열심히 연구해야 하며, 특히 능란하면서도 세심한 시구의 기술자가 되어야 한다. 완벽한 **미**를 얻기 위해서는 그만큼의 대가를 지불해야 한다. 결함 없는 형태를 가꾸고, 미사여구를 늘어놓는 즐거움을 모두 버려야 하며, 안정되고 순화된 시풍을 가져야 한다.

그러나 **미**에 대한 이 절대적 신앙과 수사에 관한 비타협성에도 불구하고 역시 르콩트 드 릴은 민감하고 불안하고 향수에 찬 시인이기도 했다. 특히 동물 시인으로서의 그의 작품 속에 나타나는 진정한 감동과 진정한 시선의 표현도 박식과 무상無償의 형태주의가 불러오는 무거움을 반드시 잊게 해주지는 않을지 모른다. 그러나 어쨌든 그 표현은 단순한 기교적 유희로 돌릴 수 없는 참된 시란 굴절과 일탈—그것이 아무리 의도적인 것이라 할지라도—을 이기고 살아남는 것임을 증명하고 있다.

Ⅲ. 파르나스파의 그룹

엄격한 이론가이며 재능이 뛰어난 예술가였던 르콩트 드 릴은 르메르Lemerre 출판사가 발행한 잡지《현대 파르나스 시집》의 이름을 따서 파르나스파라 불리는 일군의 시인들의 중심 인물로 되었다. 이 시집은 1866년에 서른일곱 시인들의 흩어져 있는 텍스트들을 처음으로 한데 모은 것이다. 그러나 로망파 작가들과 마찬가지로 파르나스파 시인들도 하나의 유파를 형성하는 것은 아니다. 이들 그룹은 단순히 "현금의 시"를 반영한 것에 불과하며, 하나의 낱말 아래 레옹 디에르크스[1838-1912], 카튈 망데스[1841-1909], 쉴리 프뤼돔뿐만 아니라 보들레르, 베를렌, 말라르메와 같이 서로 매우 다른 이름들을 모으고 있는 것이다! 그들은 같은 열정으로 파르나스파에 참가하고 있지만 반드시 같은 언어로 말하고 있는 것은 아니다. 고티에와 르콩트 드 릴의 예찬자들인 재능 있는 "모방자"들 옆에 내일의 "배반자"인 천재적 "발명자"들이 있다. 이들에게 있어서 파르나스파의 체험은 결국 하나의 기초적인 예비교육에 불과할 것이다. 우선 전자들에게 인사를 한 다음, 후자들의 힘든 만큼 보다 풍성한 발걸음을 따라가기로 하자.

— **테오도르 드 방빌**(1823-1891) 보들레르와 말라르메의 매우 친한 친구였던 그의 작품은 파르나스파의 정신을 가장 잘 나타내고 있는 것 중의 하나이다. 그는《여인상주女人像柱》(1842)나《종유석》(1864)에서는 형식적

완성의 추종자였지만, 후의 시집(《소小오드집》 1856, 《줄타기 오드집》 1857)에서는 시구의 진정한 명수이자 "곡예사"로서의 재능을 발휘한다. 《프랑스 시법 소론》(1872)은 시의 작업과 숙련에 대한 파르나스파의 견해를 완벽하게 요약하고 있다.

— **쉴리 프뤼돔**(1839-1907) 시로 전향한 기사技師이며 뒷날 노벨상 수상자인 그는 로베르 사바티에가 쓰고 있듯이 "시구로 생각하려는 야심"을 가졌었다. 그러나 철학과 시를 양립시킨다는 것은 쉬운 일이 아니기에 무거운 교훈적 성격이 흔히, 그의 가장 훌륭한시집들(《스탕스와 시》 1865, 《고독》 1869, 《정의》 1878, 《행복》 1888)까지도 짐스럽게 하고 있다.

— **프랑수아 코페**(1842-1908) 특히 1865년 이후의 작품(《단란한 삶》 1868, 《가난한 사람들》 1872, 《산책과 실내》 1872)에서 보다 많은 진실성을 나타낼 수 있었다. 이들 작품에서는 감상적 영감과 민중적 영감이 자주 훌륭하게 어울리고 있다.

— **조제-마리아 드 에레디아**(1842-1905) 1893년 《전

승비》라는 제목으로 118편의 유명한 소네트를 묶어 낸 바 있는 이 시인은 아마 파르나스파의 협력자들 가운데 가장 위신 있는 존재였다. 그 누구도 협착하고 낡은 이 프랑스 시 형식의 14행 시구를 그보다 더 멋지게 이용하지는 못했다. 그 표현의 순수함과 간결함, 단어들의 정묘한 멜로디, 타고난 리듬 감각에 힘입어 그의 소네트에 새로운 깊이를 주었으며, 그 14행 시를 역사와 신화와 꿈으로 이루어진 가장 화려한 이미지들의 구현을 위한 이상적 도구로 만든 것이다. 마지막 3행절—그 마지막 시구가 언제나 훌륭한—은 그에게 있어서 언어가 가진 모든 재원의 승화이며 개화이다.

> 침묵 속에 떨어진 벼락처럼,
> 황금빛 찬연히 꽃가루 뿌리며
> 타오르는 선인장 꽃이 핀다.
>
> —〈불의 꽃〉

때로는 얼어붙고 때로는 타오르는, 그러나 거의 언제나 너무 완벽한 표현 속에 응고된 파르나스파의 **미**는 놀랍게 하고 유혹할지언정 마음을 뒤흔들지는 않는다. 이 **미**는 잘 닦인 대리석처럼 전시되고 칭찬받고 쓰다듬어지지만, 그러나 결코 불안을 자극하지 않으며 질문하지도 않는다. 한마디로 생각하게 하지 않는다. 아마도 그것은 보여줄 수 있을 뿐 해야 할 아무 말도 가지고 있지 않다. 드디어 보들레르가 왔다…

제4장 보들레르에서 상징주의까지
시적 현대성의 도정

I. 샤를 보들레르(1821-1867)

보들레르가 한때 파르나스파의 기도에 참여했다는 것은 너무나 자주 잊혀지고 있지만 그의 시적 "위치"를 잘 보여주는 사실이다.《악의 꽃》이 "프랑스 문학의 완벽한 마술사" 고티에에게 바쳐졌으며, 유명한 소네트 〈미〉의 다음과 같은 시행은 파르나스파 미학의 본질을 거의 그대로 요약하고 있음을 상기하자.

> 오 인간들아! 나는 돌의 꿈같이 아름답다.
> (…)
> 더없이 자랑스러운 기념상에서 빌린 듯,
> 당당한 내 자태를 앞에 두고, 시인들은,

준엄한 연찬으로 그들의 평생을 소진하고 말리.

그 생존 연대로 보아 보들레르는 사실 로망주의적 현상 앞에서 불편을 느끼게 될 저 시인들의 세대에 속한다. 그들의 기질·독서·행동에 의해 아직 로망파이긴 하나, 바로 그 로망주의의 지나침에 그들은 지겨운 마음과 혐오감을 갖게 되는 것이다. 다만 《악의 꽃》의 작가의 독창성은 반反로망주의적 반동 그 자체 속에 있을 수 있는 모든 지나침을 이해하고, 감정의 남용에 대한 공격도 형식의 남용에 만족하기 위함이라면 헛된 짓이며, 효과 없는 고결함에 대한 비난도 불모의 무상성無償性에 칩거하기 위함이라면 어리석은 짓임을 알아차리는 데 있으리라. 보들레르는 무절제한 감정이 시에 있어서 "위험한" 것임을 인정하지만, 순수한 형식주의의 숭배가 무의미한 것임도 또한 깨달음으로써 감동과 언어, 영감과 표현의 새로운 관계를 생각해 내는 데 진력하게 된다. 이 점에서 그는 최초의 **현대파**, "현대성"의 선도적 시인이다. 그에게 있어서 이 현대성이란 "일시적인 것, 순간적인 것, 우발적인 것으로 이것이 예술의 반쪽을 이루며, 다른 반쪽은 영원한 것, 불변한 것이다".

보들레르 생애의 몇 가지 에피소드들은 그의 시 작품

에 각기 그 흔적을 남기지 않을 수 없었다. 아주 일찍 아버지를 여의었던 그는 어머니가 예의 오피크 장군général Aupick과 재혼하자 내내 깊은 상처를 갖게 된다. 고독하고 과묵하던 어린 시절에 이어 파리에서의 당디 생활이 온다. 당시의 방탕한 보헤미안들에 둘러싸여 지낸 이 생활은 그의 부르주아적 가정에 큰 폐가 되었으므로 가족들은 1841년 서인도제도에의 여행이 이 탕자를 바로잡고 "치료"할 수 있으리라 생각한다. 아아 통재라! 젊은 보들레르는 수많은 매혹적인 영상과 풍경 외에도 어떤 이국적 환경전환의 취미를 안고 되돌아온다. 그리고 이 취미는 변덕스러운 흑백 혼혈녀에 바람둥이 반려 잔 뒤발을 애인으로 택함으로써 구체화된다… 너무 심한 방탕에 화가 난 가족들은 그의 재산을 법적으로 박탈한다. 살기 위해 일하지 않을 수 없게 된 보들레르는 문학 및 예술 비평에 뛰어든다. 부득이 생활비를 벌어야만 하는 그는 또한 날마다 조금씩 더 비평적 통찰력을 단련하고, 저술을 발표해 감에 따라(특히 1845년, 1846년, 1859년의 〈미술전 비평Les Salons〉) 그의 시 작품에 흔적을 남기게 될 참으로 예외적인 미의식을 지니지 않을 수 없게 된다. 이 시 작품이란 물론 1857년에 발간되어 그 즉시 반도덕성을 이유로 처벌된 《악의 꽃》이다. 그나마 위안이랄까?

문학에 있어서의 현대성을 선도한 또 하나의 위대한 작품《보바리 부인》이 같은 해에 같은 이유로 처벌당한 것이다! 아무튼 보들레르는 이 실망으로부터 좀처럼 회복되지 않는다. 병에 침식된 그는 브뤼셀로 파리로 비참한 삶을 이끌고 다니지만 더 이상 아무것도 발표하지 못한다.《내면일기》와《소산문시집》이 발간되는 것은 겨우 그가 죽은 다음의 일이다.

이 쓰라리고 옹색하고 방자한 생활, 그러나 결코 비참과 악덕을 감수하는 일이 없었던 이 생활을 바로《악의 꽃》의 구조 자체가 드러내 보여주고 있다. 그의 말에 의하면 이 시집에서 시편의 배열 순서는 어떤 본질적 도정의 상징이다. "이 책에 대해 제가 간망하는 단 하나의 찬사는 이 책이 단순한 앨범이 아니라, 처음과 끝을 가지고 있음을 인정받는 것입니다." 틀림없이 창작자의 내적 체험에 의해 결정된《악의 꽃》의 건축은 그야말로 "도정"이다. 80편 이상의 작품을 통해 자기 존재의 이중의 기원祈願을 환기하는 긴 부분 "우울과 이상"에 이어, 그는 다음 네 부분에서 자신의 비참함으로부터 구해내 줄 네 가지 유혹을 그린다. 즉 "파리 정경情景"에서 도시의, "술"의, "악의 꽃"이라는 은유적 이름을 가진 악덕의, 그리고 "반역"의 유혹이다. 그러나 다섯 번째 유혹만은 허망이 아닐지도 모른다. 그것은 이 책의 제6부 "죽음"의 유혹이다.

"현대적"이라고 말한다면, 보들레르의 작품은 우선 하나의 감수성과 거기서 얻어지는 고통에 대해 새로운 접근을 제시하고 있다는 점에서 그렇다. **자연**Nature을, 그리고 그 이상으로 자기의 본성nature을 지독히도 불신하는 보들레르는 자신의 표현을 필경 뛰어넘을 수 없을 갈등과 분열, 즉 "우울"과 "이상"의 그것으로 체계화함으로써 그 표현의 여러 위험에 대비하려고 한다. 우울이 의미하는 것은 로망주의적 불안이나 "병"을 넘어서서 우선 자신을 억누르는 저주에 대한 시인의 고통스러운 자각이다. 〈알바트로스〉처럼 너무나 자주 시인은 비웃고 멸시하는 세상 사람들의 야유의 대상이 되고 있는 것이다. 우울은 또한 보들레르가 〈불운〉이라 부르는 무기력하고 영감이 결핍되어 있으며 삶과 창조의 시간을 제어할 수 없다는 저 비통한 의식이다. 끝으로 그것은 무엇보다 "권태", 다시 말해서 조금씩 불안을 빚어내고 천재의 모든 희망을 꺾어버리는 일상생활의 범속함에 대한 끔찍한 체험이다.

— 그리고 긴 영구차 행렬이, 북도 음악도 없이,

느릿느릿 내 넋 속을 줄지어 간다. **희망**은,
꺾여, 눈물을 흘리고, 잔인포학한 **고민**은,
내 푹 숙인 두개 위에 그 검은 기를 꽂는다.

—〈우울〉

우울의 대공범자는 **시간**이다. 이 음험한 〈원수〉는 삶을 갉아먹고, 불행을 치르기 위해서만 삶을 부여받은 듯한 인간으로부터 그 생명을 탈취해 간다.

— 오 괴로움이여! 오 괴로움이여! **시간**은 생명을 먹고,
우리 심장을 갉는 아지 못할 **원수**는
우리가 잃는 피로 자라며 강성해지누나!

그럼에도 불구하고 **이상**의 순간적인 섬광이 이따금씩 나타나는 것은 바로 이 음울한 비탄의 한가운데서이다. **이상**이란 아름다움과 순수와 미덕으로만 이루어질 몽상된 세계, 영혼의 요구와 육체의 욕망을 동시에 채워줄 세계, 보들레르의 말에 의하면 "아름다운 계절, 행복한 나날, 즐거운 순간"의 세계이다. 아무튼 언제나 잃어버린, 그리고 언제나 다시 찾아야 할 세계이며, 꿈과 기억으로 소생된다기보다는 꿈과 기억이 망명가는 〈전

생〉이다. **시간**은 우울을 키우지만, **이상**은 사실 **순간**의 절대에서밖에는 빛을 내지 않는다.《악의 꽃》에서는, 우울로부터의 탈출이나, **이상**의 "찬란함"과의 융합이 지속해서 체험되는 일은 결코 없다. 몽상된 낙원은 이렇듯 거의 언제나 도달할 수 없는 것이기에 인간은 그것을 "인공낙원"으로 대체하고 싶어진다.

보들레르는 이렇게 쓴다. "감각과 정신의 열광은 언제나 인간에게 최상의 행복으로 보였음이 틀림없다. 그러므로 인간은 직접적인 일락만을 생각하여 (…) 약물 속에, 가장 거친 술 속에, 더없이 강렬한 향기 속에, 어느 풍토 어느 시대를 막론하고, 비록 몇 시간 동안만이라도 그 진흙탕의 처소로부터 도피할 수 있는 수단을 구해왔던 것이다." 이렇게 해서 이 시인이 자기 작품 속에서 온갖 종류의 인공 수단을 거듭하고 있음을 알게 된다. 온갖 형식의 도취라는 인공 수단. 즉〈머리털〉에서는 향기의,〈파이프〉에서는 담배의,〈연인들의 술〉에서는 알코올의,〈파리의 꿈〉에서는 아편의 도취. 감각의 온갖 즐거움이라는 인공 수단. 가령〈고양이들〉의 자기를 띤 부드러움,〈발코니〉의 저녁 나절의 훈훈함, 애인의 젖가슴에 밴 포근한 습기, 결코 도달할 수 없는 잃어버린 나라 혹은 몽상된 나라를 향한 저 허망한 출발, 상상의 여행(〈여행에의 초대〉)도 역시 인공 수단이다. 그러나 마지막 유혹—또는 시도—, 최후의 인공 수단은 죽음의 그것이다. 죽음은 모든 희망과 모든 절망이 영원성의 환희 속에 융합하게 될 이상의 여행인 것이다.

> 오 **죽음**아, 늙은 선장아, 때는 왔다! 닻을 올리자!
> (…)
> 우리에게 네 독을 부어 기운을 북돋아주렴!
> 그토록 이 불꽃 우리 뇌수를 태우니,
> **지옥**이건 **천국**이건 무슨 상관, 심연 밑바닥에 뛰어들고 [싶다,
> **미지**의 밑바닥 *새로운 것*을 찾기 위해!
>
> —〈여행〉

그러나《악의 꽃》의 도정을 무슨 구원의 도정 따위로 믿지는 말자. 유혹의 길에서의 진전은 있지만, 체험된 여러 모순들은 거의 해결되지 않은 채 끊임없이 되살아나 이 본질적으로 "순환적"인 시를 기르고 있다. 단지 언어만이 어떤 해방의 길을 보여주리라. 그러나 보들레르는 "시법"에 관해서는 위대한 혁신자가 아니었다. 그의 시법은 흔히 유행에 뒤떨어지고 게다가 해진 것이기도

하다. 운율이나 어휘의 영역에서는 차라리 고티에보다 덜 혁신적이다. 여러 가지 시 형식을 구사하는 데는 위고보다 더 얌전하다. 그의 상징적 표현도 비니의 그것보다 더 "다듬어진" 것은 아니다. 산문시의 실천에 대해 말한다면, 그에게 있어서 산문시 실천이 어째서 아직 시적 표현을 위한 다른 여러 수단 가운데 하나일 뿐이며, 운문시만으로는 개척할 수 없는 새로운 시적 공간을 열 수 있을 만한 예외적 수단은 아닌가를 바로 이 실천 자체가 충분히 보여주고 있다. 이 점에서 그는 로트레아몽이나 랭보의 선구자이기보다는 훨씬 알로이시위스 베르트랑[1807-1841]과 모리스 드 게랭[1810-1839]의 계승자다.

아니, 그의 "시적" 독창성은 분명코 다른 곳에 있다. 즉 **상상력**과 그 수단인 이미지가 갖는 힘의 가치를 완전히 회복시켰다는 데 있다. 내적 갈등으로 찢기고 **자연**의 추악한 광경에 시달리면서도 보들레르는 **존재**의 깊고 근원적인, 그러나 숨겨진 통일성을 느낀다. "*정신*에 있어서도 *자연*에 있어서도 형태, 운동, 수, 색, 향, 모든 것이 깊은 뜻을 나타내고, 상호적이며, *서로 호응하면서* 이야기하고 있다. (…) 모든 것이 상형문자다." 그런데 그에게 있어서 언어는, 보다 정확히 말해서 언어의 시적 이미지는 이 복잡하면서도 "보편적 유사성universelle analogie"을 인지하고 번역하고 표현하기 위한 본질적 양식이다. 그는 또 이렇게 쓴다. "뛰어난 시인들에게 있어서 은유, 직유, 혹은 형용어의 어느 하나도 실제 상황에 수학적으로 정확히 들어맞지 않는 것은 없다. 왜냐하면 이러한 직유나 은유나 형용어는 *보편적 유사성*의 무궁무진한 자원에서 길러지는 것이며, 또한 다른 곳에서는 길러질 수 없는 것이기 때문이다." 일상적 현실의 우발성을 피하고, **현실**의 본질과 깊이 통하는 보들레르에게 있어서 구원자는 곧 **말** le Dire이다. 결코 무상적無償的인 것이 아닌 시적 이미지는 이렇게 해서 정교한 그물을 짜고, 그 속에서 한 세계("수평적" 조응)가 재조립되고, 하나의 기본적인 상징체계("수직적 조응")가 편성된다. 이러한 이미지 하나하나는 그것이 아무리 하찮을지라도 그에게 있어서는 항상 "은유"이고, 분열된 현실의 화해이며, "객체와 주체, 예술가의 외부세계와 예술가 그 자신을 동시에 포함하는" 낱말들의 "마술" 속에 암암리에 포함된 이상적인 "다른 곳"에 대한 암시이다.

보들레르의 진정한 현대성이 기초하는 터전은 바로 거기다. 그는 이미 시를 고전파의 경우처럼 이성의 확신을 나타내는 단순한 표현수단이나, 로망파의 경우처럼 오로지 감동을 나타내는 심정 토로의 공간만으로 삼지 않고, 세계와 **자아**의, 눈에 보이는 혹은 감춰진 영역을 새롭게 이해하는 열쇠라고 생각하는 것이다. 이제부터, 보들레르 이후 시인은, 그가 〈상승〉에서 말한 바와 같이,

> — 삶 위를 높이 날며, 꽃들과 말 없는 것들의
> 말을 쉽사리 알아듣는

저 해방된 인간이 되리라.

II. 이지도르 뒤카스, "로트레아몽 백작"(1846-1870)

보들레르의 계승자들 중에서 로트레아몽은 랭보와 더불어 시어의 마력 또는 격렬함에 의해 해방된 "새로운" 세계로의 도달을 가장 뜨겁게 열망했던 시인이다. 쥘 라포르그처럼 몬테비데오에서 태어난 로트레아몽은 1869년, 60연의 시적 산문을 여섯 개의 노래로 나누어 놓은 놀라운 시집 《말도로르의 노래》를 일반의 무관심 속에 라크루아Lacroix 출판사에서 발간한다. 일종의 격화되고 발자크적인 로망주의적 성격을 지니고 있지만, 한편 시 그 자체에 대한 끊임없는 아이러니의 성격을 띤

이 시는 패러디이기도 하며, 여전히 난해하고 수수께끼와 같은 것이다. 이 **반역**과 **악**의 시는 또한 꽃과 광물과 육욕의 시이기도 하며, 결코 단 하나의 의미나 단 하나의 의도로 환원되지는 않는다. 작품이 지닌 이 걷잡을 수 없이 분산된 성격을 주인공 말도로르의 갖가지 엄청난 변신이 증명하고 있다. 우선 작자와 전 인류의 비참과 슬픔과 정념의 화신인 것처럼 느껴지는 이 괴상한 인물은 시절詩節이 전개됨에 따라 일종의 지옥의 괴물로 되어, 무섭고 불길한 동물도상집의 갖가지 모습을 취하게 된다. 독수리, 낙지, 상어, 거미가 되는 그는 그러나 줄곧 쓰러지자마자 다시 되살아나는 지옥의 천사장이다. 그는 외친다. "이 나는, 잔혹함의 더없는 쾌락을 그리기 위해 내 천재를 봉사시킨다."

주인공의 변신 위에 로트레아몽의 글쓰기 그 자체의 변신이 겹쳐진다. 모리스 블랑쇼의 말에 의하면, "책으로 둘러싸인 상상력" 속에 뿌리를 내린 글쓰기. 사실 《말도로르의 노래》의 쏟아져 내리는 언어 속에는 더없이 꾸며댄 수사학, 더없이 득의양양한 표절, 더없이 미치광이 같은 모작 등이 익살스럽게, 혹은 장엄하게 번갈아 나타난다. 사도 요한, 호메로스, 단테, 밀턴, 위고, 보들레르 들이 결코 충족되지도 진정되지도 않는 이 상상력과 글쓰기의 풍성한 잔치에 초대되고 있다. 자신의 기괴한 혹을 끊임없이 키우고, 스스로의 놀라운 변신을 경쟁이나 하듯이 자꾸만 만들어내는 이 미궁 같은 언어의 기능이야말로 로트레아몽의 시에서 가장 매혹적인 부분이다. 바슐라르가 매우 적절히 지적한 것처럼 그에게 있어서 언어는 더 이상 기호나 지시물référent이나 상징이 아니라 육체이고 에너르기이고 "현존"이다. 바슐라르는 쓰고 있다.

> 로트레아몽은 시를 신경 중추 속에 놓는다. 그는 매개물 없이 시를 내뿜는다. 그는 낱말의 *현재*를 사용한다. 이와 같이 어학적 관점에서만 보아도, 그는 이미 동시대 시인들보다 앞서있었다. 그들은 대부분 어떤 언어의 역사를 살고, 고전적 음운으로 말하고, 또한 르콩트 드 릴처럼, 과거의 영웅적 목소리의 메아리—흔히 무기력하고 항상 거짓말 같은—를 우리에게 반복했을 따름이다.

따라서 후일의 바세[1895-1919], 브르통, 그라크[1910-2007]와 그 밖의 많은 사람들이 그를 초현실주의의 가장 위엄 있는 선구자의 하나로 존경하고,《말도로르의 노래》를 "경련적인 시의 선언 그 자체"로 보게 되는 이유도 이해된다. 언어가 상상적인 것의 온갖 충동과 무의식의 온갖 힘을 해방하기 위해 과감히 사용된 것은 아마도 이것이 처음이 아닐까? 브르통은《블랙 유머 선집》에서 이렇게 쓰고 있다.

> 앞으로 몇 세기에 걸쳐 생각되고 시도될 가장 대담한 것들이 모두 그 마술의 법칙에 들어맞는 표현을 미리 여기서 얻어낸 것이다. 이미 문체가 아니라 말verbe은 로트레아몽과 더불어 근본적인 위기를 맞고 하나의 *재개*再開를 표시한다. 낱말이 낱말과, 사물이 사물과 관계를 맺을 수 있었던 경계는 이제 끝장이다. 항구적 변화라는 하나의 원리가 사물과 관념을 사로잡아, 인간의 해방을 필연적으로 가져오는 그들 사물과 관념의 전적인 해방을 지향한 것이다. 이 점에서 로트레아몽의 언어는 다 같이 유례가 없는 용해제인 동시에 배원질胚原質이다.

III. 아르튀르 랭보(1854-1891)

《포에지Poésies》라는 제목이 붙은 기묘한 단장들을 제외하면,《말도로르의 노래》가 로트레아몽의 유일한 시 작품이었음이 확실하다. 어쩌면 그의 시도는 반복되기에는 너무 "괴물스런" 것이었을까? "미지"에 대한 같은 욕구, 보들레르적인 "새로움"에 대한 같은 요구로 추진되면서도 랭보의 작품은 그와 반대로 일련의 시도의 모습을 띠고 있으며, 이 시도들은 모두 좌절의 극복과 내기의 되풀이다. 신동神童의 시로부터 청년의 광적인 체험들을 거쳐 성년의 깊은 침묵에 이르기까지 끊임없이 확인되는 것은 언제나 똑같이 하나의 의지이다. 우선 반발과 반항으로서의 의지. 샤를빌의 소년은 자신이 발견하는 세계, 가정 · 교회 · 학교 · 조국에 절망한다. 로망파의 독서로 자라났고, 언젠가는 파르나스파가 자기 작품을 발표해 줄 것을 갈망하면서 이 소년은 위고와 방빌을 모방한 초기 시편들 속에 자신의 증오와 꿈을 뒤죽박죽 집어던진다. 부르주아의 범속성(〈음악에 맞추어〉)과 그 관료주의(〈앉은 녀석들〉)에 대한 경멸, 위선적인 종교와 권력이 범하는 부정의 공범인 교회에 대한 거부(〈교회의 빈민들〉, 〈첫 성체배령〉), 전쟁에 대한 혐오(〈골짜기에 잠든 자〉), 또한 모험에 대한 갈증(〈감각〉), "변덕"(〈나의 방랑〉), 혹은 싹트기 시작한 관능성(〈니나의 대답〉).

그러나 곧, 시의 힘으로 바꿀 수 없음을 알게 되는 역사의 무서운 흐름(1870년, 전쟁, 파리 코뮌의 잔학행위) 앞에서 더 이상 그는 사회의 죄악과 비열함을 고발하는 것만으로는 만족할 수 없게 된다. **이곳**이 "바뀌질" 수 없는 이상, 그는 이제부터 단호하게 **다른 곳**을 향하게 된다. 이리하여 1871년 〈취한 배〉의 집필은 충만하고 자유로운 세계에 접근하기 위해 시인이 기도한 최초의 "항해"로 보인다. 행복하고 열광적이며 찬란한 항해이지만 랭보의 모든 체험이 그렇듯 이것도 오래 계속되지 못하고 체념과 쓰라림 속에 끝난다.

만약 내가 유럽의 물을 원한다면, 그것은
검고 차가운 늪, 향기로운 황혼 녘,
슬픔에 겨운 어린애가 웅크려 앉아
오월의 나비처럼 여린 배를 띄우는 숲속의 늪.

그러나 새로운 창조에의 희망이, 아니 그 요구조차도, 붙잡을 수는 없었으나 엿볼 수는 있었던 세계의 부서지기 쉬운 아름다움의 추억 속에 남아있다.

나는 보았다, 항성의 군도를! 또한 항해자에게
착란의 하늘을 열어주는 섬들을.
—바로 이들 밑 없는 밤 속에 너는 잠을 자고 숨어있는가,
백만 마리 황금의 새들, 오 미래의 **생기**여?—

이 "미래의 생기"가 일상생활의 범속성에 근거할 수 없음을 랭보는 이미 알고 있었으나, 이젠 그것이 언어의 신기루만으로는 자라날 수 없으며 진정한 실존의 발판이 필요함도 또한 알게 된다. 세계를 바꾸고 삶을 바꾸기가 그렇게도 어렵다면, 적어도 *자기의* 세계, *자기의* 삶을 바꾸는 일만은 가능하지 않을까? 이렇게 해서 그는 1871년 5월, **자아**의 완전한 박탈, 그 전적인 "혁명"을 실험하기로 결심한다. 그는 친구 드므니Demeny에게 이렇게 써 보낸다.

> 내 이야기는 *투시자*이어야 한다는 것입니다. (…)
>
> **시인**은 *모든 감각*의 길고 엄청나고 이치에 맞는 *착란*을 통해 *투시자*가 되는 것입니다. 온갖 형식의 사랑, 고통, 광기. 그는 스스로를 찾고, 자기 자신 속의 모든 독毒을 다 써서 그 정수만을 간직합니다. (…) 그는 미지에 도달하는 것입니다.

랭보는 실제로 두 해 동안, 투시자voyant 못지않게 부랑아voyou로서 베를렌과의 동성애, 압생트 주酒, 아편, 해시시 등 온갖 착란과 온갖 방탕에 열중하고, 시의 무대에서 환각과 도취의 오케스트라(〈갈증의 희극〉, 〈인내의 축제〉, 〈기아의 축제〉)를 시도한다. 한순간 **영원**을 "되찾았"지만 꿈은 다시 한번 현실 속에 소진되고 만다. 베를렌과의 불화와 질병이다. 미망에서 벗어난 랭보는 1873년 《지옥地獄에서 보낸 한 철》을 쓴다. 사라진 환상에 대한 분방한 이야기이며, 이제는 불가능해진 시법에 대한 명철한 증언이다.

> 이번엔 내[가 말할] 차례다. 갖가지 내 광기 중 하나의 이야기다.
>
> (…)
>
> 나는 모음들의 색깔을 발명했다! (…) 언젠가는 모든 감각에 이해될 수 있는 시의 언어를 발명하리라 자부하기도 했다. (…)
>
> (…) 나는 침묵을, 밤을 썼으며, 표현할 수 없는 것을 적어두었다. 나는 갖가지 현기증을 정착시켰다.

일찍이 "로망스풍의 노래들 속에서 이 세상에 작별"을 고했던 그가, 이제는 자신을 비웃으며 분명 체념한 듯한 모습으로 시와 결정적인 〈작별Adieu〉을 고하려는 것 같았다.

(…) 나는 초자연적인 힘을 획득했다고 믿었다. 그런데 어쩜! 내 상상력과 추억들을 묻어버려야 하다니! 예술가의, 또한 이야기 작가의 아름다운 영광이 하나 사라지고 마는 것이다!

내가! 마법사라고도 천사라고도 자칭하며 모든 도덕을 면제받았던 내가 다시 흙에 돌아오게 되니. (…) 농부다!

그러나, 랭보의 마지막 실험, 즉《일뤼미나시옹》의 실험은 1873년에서 1878년에 걸쳐 전 유럽을 돌아다니는 긴 여행 때 구상되고 실현된 것임이 이제 거의 확실하다. 매혹적이고 섬광적이며 유성과 같은 이 작품 속에서 랭보는 분명히 정신과 언어의 모든 능력을 극한까지 구사하였다. 사실《일뤼미나시옹》의 세계는 우선 "해방된" 상상력이 전개되는 공간이며, 훗날 초현실주의 화가들이 상기하게 될 저 환상적인 〈도시들〉이나 환각적인 〈메트로폴리탱〉에서 볼 수 있듯이 모든 중력, 모든 이성적 지리학으로부터 해방된 전대미문의 풍경들이 넘치는 빛 속에 구축되는 장소인 것이다.

남색의 해협에서 오시안의 바다에 이르기까지, 포도

> 주빛 하늘에 씻긴 장밋빛 오렌지빛 모래 위에, 수정의 큰 거리들이 솟아올라 교차하자 금새 젊고 가난한 가족들이 자리 잡고 살고 과일 가게에서 배를 채운다. 풍요로운 것은 전혀 없다.—도시다!

이 당황케 하는 풍경 한가운데서, 이 터무니없이 괴상야릇한 건축의 한복판에서 자유에 취해 시인이 춤을 춘다. "종탑에서 종탑으로 밧줄을, 창문에서 창문으로 꽃장식을, 별에서 별로 금사슬을 둘러치고, 그리고 나는 춤을 춘다."

가공이 현실을 추월하는 세계의 조물주 랭보는 또한 《일뤼미나시옹》에 있어서는 이상야릇한 언어의 연금술사, 말과 사물이 조화로운 친화력만으로 자리를 잡으러 오는 "새로운 형식"을 지닌 산문의 연금술사이기도 하다.

> 마노 위에 뿌려진 노란 금화들, 에메랄드의 둥근 천장을 받치는 마호가니 기둥들, 하얀 사틴의 꽃다발, 그리고 루비의 가느다란 막대기들이 물장미를 두른다.
>
> —〈꽃들〉

그러나 이들《일뤼미나시옹》이 아무리 눈부시고 경이롭다 할지라도, 여전히 순간적인 "번갯불"에 불과하고, 스스로의 추락으로 효력을 잃게 될 백열의 운석에 불과하다. 랭보는 자신이 이 기적적이며 환각적인 세계의 "덧없는 시민"에 지나지 않음을 잘 알고 있다. 산산이 분열되면서 동시에 반복되는 이 세계의 구조는 무엇이건 그 세계에서는 오래 지속되지 않으며, 무엇이건 그 세계에서는 구축되자 곧 해체되어 버린다는 것을 나타내는 표시 그 자체다. 모든 풍경, 모든 "요정의 나라"는 그 사신의 부정을 이렇게 연출한다. "한줄기 하얀 광선이 하늘 높은 곳에서 떨어져 이 희극을 없애버린다"(〈다리〉). 모든 꿈은 자신의 무능을 이렇게 고백한다. "새벽과 아이는 숲 기슭에 넘어졌다. 깨어보니 한낮이었다"(〈새벽〉).

따라서 모든 것을 말했으며, 말하려고 모든 것을 시도하였기에 더 이상 말할 것이 없어진 자에게 남아있는 것은 오직 침묵뿐이었다. 모든 것을 살았으며, 살려고 모든 것을 시도하였기에 더 이상 살 것이 없어진 자에게 남아있는 것은 오직 죽음뿐이었다. 1891년 11월 어느 날 저녁, 아프리카 사막에서 10년 동안 상거래를 하고 난 랭보는 마르세유의 병원에 와서 죽는다. 알아볼 수도 없는 모습으로, 알려지지도 않은 채. 이렇게 그는 인간으로서의 자신의 역사를 결말지었지만, 방금 천재 시인과 미친 시인이라는 자신의 신화의 막을 올린 것이다.

Ⅳ. 폴 베를렌(1844-1896)

베를렌은 랭보의 짝패이지만 그와 비슷한 점이 거의 없다. 한쪽에게는 대담함, 위험과 모험 취미, 때로는 폭력 취미가 지배적이라면, 또 한쪽에게는 나약함과 태평함과 얌전함이, 어쩌면 여자 같은 점이 더 많다. "나는 여성적인 인간이다. 이것으로 많은 것이 설명되리라…" 고 베를렌은 쓴다. 그들의 작품 역시 매우 다르다. 간결하고 찬란한 랭보의 작품은 그의 내적인 "열정"으로 타오르고 소진되어 버리는 반면, 보다 두텁고 보다 상냥한 베를렌의 작품에는 한결 진귀할 뿐만 아니라 역광의 그것과도 같이 한결 미묘한 아름다움이 있다. 분명히 시인해야 할 일이지만 8백 페이지에 이르는 베를렌의 시 작품은 극히 기복이 심하다. F. 코페와 파르나스파 시인들의 모방으로 시작되어(《토성인 시집土星人詩集Poèmes saturniens》, 1866) 종교성과 에로티시즘의 색채를 띤 서글픈 고백으로 끝나게 된다. 그러나 그 중간 시기, 《우아한 향연》(1869), 《말 없는 연가戀歌》(1874), 《지혜》(1881)와 같은 시집들이 연이어 씌어지는 12년간에 있어서는, 시를 삶의 노래로 삼으려는 감동적인 탐구를 볼 수 있다.

《우아한 향연》의 시 속에 베를렌은 18세기의 모든 향연의 세계, 샤르댕Chardin, 프라고나르Fragonard, 바토Watteau, 그리고 부셰Boucher의 세계를 맞이해 들인다. 그러나 베를렌은 초보적인 묘사시의 결함이나 범속성에 빠지기는커녕, 그 형식과 정신을 쇄신하게 된다. 그의 펜에서 나타나는 풍경은 단순히 모조의 무대 배경이나 단순히 미적 대상이기를 그치고, 더없이 섬세하고 더없이 세련된 감각의 결정공간結晶空間으로 된다. 몸짓, 선, 색채, 음향, 모든 것들이 베를렌의 풍경 속에서는 영혼의 "내적 풍경"의 성격을 띤다.

남자들의 짧은 비단 저고리가,
여인들의 길게 끌리는 드레스가,
그들의 우아함, 그들의 기쁨이
그들의 부드럽고 푸른 그림자가

장미색이며 회색의 황홀한
달빛 속에 맴돌고,

살랑이는 바람결에
만돌린 소곤거린다.

—〈만돌린〉

베를렌은 랭보와 함께 지옥의 계절을 살 때도 이렇듯 매우 개성적인 감수성과 아취를 버리지 않는다. 자기 연하자의 광기 어린 착란, 극적인 [자아] 박탈, 환각적인 망명에 대한 갈망을 같이하기는커녕, 순전히 멜로디로, 순전히 내적 억양으로 될 시를 향해 전진을 계속한다.《말없는 연가戀歌》는 이 점에서 그의 걸작이다. 베를렌은 절대적인 환경전환의 난폭함을 거부하고 그 대신 공간과 시간의 구성 요소들—비, 안개, 박명, 추억, 아쉬움—의 으슥한 불투명 속에 **자아**를 산란·무산시킬 것을 전적으로 받아들인다.

거리에 비 내리듯
내 가슴에 눈물 내리네.
이 울적함 무엇이기에
내 가슴 깊이 스며드나?

그 어떤 시인도 영혼의 속삭임을 이토록 우아하고 적

절하게 언어의 중얼거림으로 옮겨놓을 수는 없었으리라. 위스망스는 이렇게 쓰게 된다.

> 오직 베를렌만이 영혼 저쪽의 어떤 모호한 것들을 알아채게 할 수 있었으며, 그렇게도 나직한 사념思念의 속삭임들과 그렇게도 살랑거리고 그렇게도 멈칫대는 고백들을 알아채게 할 수 있었다. 그 소리들을 듣는 귀도 머뭇거리기만 할 정도였다.

랭보와의 관계에 극적인 종말을 맺고 브뤼셀과 몽스에서 감옥살이를 한 베를렌은 우울과 방탕으로 엮여진 지난날의 추억들을 지우기 위해 《지혜》를 쓴다. 그것은 또한 신앙을 통해 잃어버린 평정을 되찾기 위해서이기도 하다.

지붕 너머 하늘은
　저리도 푸르고 고요합니다!
지붕 너머 나무 한 그루
　손바닥을 흔듭니다.
(…)
하느님, 하느님, 저기 삶이 있습니다.

소박하고 조용한.

저 평화로운 두런거림

거리에서 들려옵니다.

지속되기에는 너무 모호하고 너무 허망한 이 지혜도 잠시뿐, 생활에 대한 새로운 환멸을 이겨내지 못한다. 랭보가 이미 그에게 보여주었던 이중의 길, 글쓰기의 희생과 삶의 포기 그 어느 쪽도 실행할 수 없는 베를렌은 빈곤한 시정詩情으로 범용한 생활을 끌고 간다. 그 시는 번갈아 "현명"하면서도 끝까지 지키지 못하는 결의(《예와 요즈음》,《마음속의 예전禮典》)를, 악과 "죄" 속으로의 재전락(《평행하며》,《그녀에게 바치는 노래》)을 나타내고 있다.

그러나 라포르그에서 아폴리네르에 이르는 미래의 시인들에게, 베를렌은 계속 하나의 스승으로 칭찬받게 된다. 사실 기법의 면에서 그들은 보들레르나 랭보보다 훨씬 많은 것을 이 시인에게 힘입게 된다. 베를렌의 시법은, 1874년의 〈시법〉에 전적으로 포함되어 있으나, 실제로 많은 영역에서 혁신적이다. 우선 운율의 차원에서. 위고의 뒤를 이어 저 "12음절시구라고 하는 거창한 바보"를 해체하는 데 기여하는 것만으로 만족 못한 베를렌은 가벼운 절름거림과 멈칫거림의 기교를 완벽하게 구사하여 지극히 어렵지만 놀랄 만큼 지극히 선율적인 기수각奇數脚의 운율을 사용하려 한다. 5음절, 7음절, 그리고 특히 〈사랑의 죄Crimen Amoris〉의 훌륭한 11음절 시구. 게다가 그는 귀를 즐겁게 하기 위해, 똑같이 절묘한 솜씨로 감히 리듬에 "속임수를 쓰"고, 각운과 모음압운assonances을 제멋대로 놀리고, 또한 "뉘앙스"와 그림자를 다듬어, 가령 마네Manet와 같은 회화에서의 인상주의가 드뷔시Debussy와 같은 음악에서의 인상주의와 겨루는, 지극히 매혹적인 시의 파스텔 화집을 만들어내려고 한다. 물론 그의 시법의 열쇠말이 음악이라는 낱말이기 때문이다.

무엇보다 먼저 음악을,
(…)
더욱더 언제나 음악을!

오드odes거나 연가romance거나 가요chanson거나 베를렌의 시는 본질적으로 음악적이었다. 그의 가장 보잘것없는 텍스트, 가장 저속하거나 가장 소홀한 시구에서조차, 보들레르와 향기, 랭보와 색채가 그렇듯, 그와 분리될 수 없는 멜로디가 들려온다. 방빌이 그에게 써 보낸

바 있다. "이따금씩 당신은 자칫 음악 속에 빠질 만큼 아슬아슬하게 시의 강변을 끼고 걷습니다. 당신이 옳을지도 모릅니다."

V. 스테판 말라르메(1842-1898)

보들레르, 랭보 혹은 베를렌의 시적 체험은 삶의 모험을 제쳐놓고는 생각할 수 없다. 그것은 항상 후자의 고양 또는 부각浮刻이다. 말라르메는 이와 반대로 시를 생활의 우여곡절과는 전혀 무관한 정신의 단련이자 언어의 실천으로 생각한 최초의 사람이었다. 사실 이 수수한 영어 교사의 생활은 정상을 벗어난 점이 전혀 없었으며, 지방 중·고등학교의 따분한 학생들에게 한없이 반복되는 수업과 매주 롬 가街의 아파트에서 그를 숭배하는 젊은 시인들을 위해 마련된 저녁 모임으로 나뉘어졌다.

《현대 파르나스 시집》에의 기고와 보들레르의 독서는 말라르메의 창조를 결정짓는 두 가지 요인이었다. 파르나스파로부터는 시작의 연마와 완벽한 형식의 감각을 이어받고, 《악의 꽃》에서는 자기의 것이기도 한 드라마와 분열을 확인하게 되었다. 따라서 그의 초기 시편들은 모두 보들레르의 중요한 주제들—인간의 범속함,

탈출의 욕구, 이상화된 다른 곳에의 꿈—에 의한 심미적 변주곡으로 간주될 수 있는 작품들이다. 그러나 말라르메의 〈창공L'Azur〉이 보들레르의 **이상**과 일치하는 것은 아니며, 그의 "권태"도 단지 우울spleen뿐만은 아니다. 〈창窓〉의 4행시를 다시 읽어보면 그에게 있어서의 불만이 얼마나 윤리적이기보다는 형이상학적이고, 실존적이기보다는 본질적인가를 느낄 수 있을 것이다.

1870년에 벌써 서정적 드라마 〈에로디아드〉와 관능과 침묵의 시편 〈목신의 오후〉의 두 작품을 같이 쓰려고 함으로써 말라르메는 분명 보다 독자적인 창조를 지향한다. 실제로 이 두 텍스트는 그의 집념으로 되어있는 저 **위대한 작품**, 그가 바라는 바 순수하고 모든 우연성으로부터 해방되고 오직 스스로의 말의 역학에만 맡겨질 저 **위대한 책**을 향한 최초의 접근으로서 구상되어 있다.

> 순수한 작품이란 필연적으로 화자로서의 시인의 소멸을 의미하는 것이며, 시인은 낱말들에 주도권을 양도한다. 낱말들은 하나하나가 다르기 때문에 서로 충돌함으로써 동원상태動員狀態에 놓인다. 낱말들은 마치 보석들 위에 길게 뻗어있는 허상의 불빛처럼 그 상호 간의 반영으로 점화된다.

이 이후 그의 시법은 현실의 표현이나 암시로서가 아니라 현실의 "비물질화"로서 정의된다. 다시 말해서 "사물이 아니라 사물이 만들어내는 효과를 그리는 것"이다. 우선 글 쓰는 주체의 비개성화를 전제로 하는 시법. 그는 카잘리스[시인. 말라르메의 친우, 1840-1909]에게 이렇게 써 보냈다. "나는 완전히 죽었다. (…) 이제 나는 비인칭이며, 자네가 알고 있던 스테판이 이미 아니라,—과거의 나였던 것을 통하여 정신적인 **우주**가 스스로를 보고 스스로를 전개해 간다는 하나의 [대응] 능력이다." 바로 이러한 대가를 치러야만 보석처럼 끊임없이 얇아지고 되깎여지는 수정체로서의 **말**의 투명성 속에 어떤 새로운 현실이, 아니 차라리 그 현실의 "공기 진동 현상에 의한 거의 즉각적인 소멸"이 나타날 수 있다.

"시인의 단 하나의 의무인, **지상**에 대한 오르페우스적 해명", "세계가 그것에 도달하기 위해 만들어진" 그 **책**의 저술은 역시 일종의 확실한 난해어법hérmetisme 없이는 실현될 수 없었음을 이해할 수 있다. 그만큼 말라르메에 있어서의 **의미**는 통사법의 위험한 해체 끝에 비로소 밝혀지는 것이다. 독자들을 당황케 하고, 때로는 읽을 기력을 잃게 하지만 〈데 제생트를 위한 산문〉, 몇 편의 〈무덤〉이나 〈헌정〉 들에 나타나는 어휘와 문법상의 대담한 인상주의는, 가에탕 피콩이 말하는, 또 사르트르가 〈순수하고 강건하며 아름다운 자는 오늘…〉에서 가장 훌륭한 예증을 찾아내었던 저 "순수한 부재의 시"를 만드는 데 필수적인 것이었다.

지난날의 백조는 회상한다, 모습은 장려하나
불모의 겨울 권태가 그처럼 빛났을 때
살아야 할 저 하늘을 노래하지 않은 까닭으로
희망도 없이 스스로를 해방하는 제 신세를,

위대한 작품은 말라르메에 의해 결코 완전히 실현되지는 않았지만, 그가 제시한 가장 뜻 깊은 그 소묘는 아마도 1897년 그의 죽음 직전에 발표된 한 텍스트에서 볼 수 있으리라. 〈*주사위를 한번 던짐은 결코 우연을 배제하지 않으리*〉라는 중심 명제를 둘러싸고 구성되어, **우주**의 혼돈 및 **언어**의 질서와의 관련에서 **사고**의 움직임 자체를 표현하는 미궁과 같은 문장 속에, 실제로, 세계로 하여금 **말**의 신비를 통해 말하게 함으로써 그 세계를 해명하려는 오르페우스적인 이중의 의도를 알아볼 수 있다. 위험에 찬 주사위 던지기처럼 던져지지만, 하나의 절대적이며 필연적인 **전체**로서 강력히—그 흔적에 의해서도 그 침묵에 의해서도—나타남으로써 말라르메의 문장은 바로 이상적인 시가 된다. 여기서는 여러 본질의 출현과 그 "성좌"를 훼손할 어떠한 불투명성도 없다. "*아마 하나의 성좌를 제외하고는 장소 이외의 아무것도 생기지 않았을 것이다.*"

어떤 시인도, 이 **스승**의 가장 훌륭한 제자 발레리조차도 모든 시의 경계, **말로 표현할 수 있는 것**과 **표현할 수 없는 것**의 극한을 말하자면 깊이 감지시키는 이 텍스트 너머로까지 모험을 감행하지는 못하리라.

VI. 데카당파와 상징주의자들(1875-1900)

보들레르, 그리고 베를렌이 사용했던 *데카당스*라는 말은 1875년에서 1885년에 걸쳐 한때 이 세기 마지막 세대의 젊은 시인들 사이에서 유행할 것이었다. 그들은 선배인 로망파들이 그랬듯이 어렵고 불확실한 시대의 **역사**가 분비하는 저 이상한 "병"에 사로잡혀 있었다. 보들레르적 당디슴과 랭보적 방랑생활의 연장인 데카당스는 다 같이 단명에 그친 수많은 잡지와 정기간행물을 통해 표명되었고, 몽마르트르의 카페들과 센 강 좌안의 술집들을 지배했다. 단정치 못하고 제멋대로의 청년 시인들이 모두 거기 모여 자기를 표현하고 서로 대결하기 마련이었다. **물치료사**파Hydropathes가 **텁수룩**파Hirsutes와, **빌어먹을**파Zutistes가 **알게뭐야**파Jemenfoutiste와 겨루고, 신로망주의자들이 회개한 파르나스파나 베를렌과 랭보의 숭배자들과 어깨를 나란히 한다. 거리낌 없는 언동의 바람이 거세게 부는 이 새로운 동인회에 있어서는 통일과 엄밀성이 문제일 수 없으며, 호인 아나톨 바쥐[1861-1903]의 《르 데카당》지誌나 〈데카당파 선언〉도 어떤 그룹, 어떤 유파로서의 일관성을 단 한순간이라도 믿게 할 수는 없으리라. 그러나 이 잡다하고 열광적인 동물상faune 속에서 몇몇 이름이 떠오른다. 제르맹 누보[1851-1920], 로랑 타이아드[1854-1919], 조르주 로덴바흐[1855-1898], 에프라임 미카엘[1866-1890], 《작은 백단 상자》(1877)의 저자이며 저 유명한 니나 드 빌라르[1843-1884]의 애인이었던 유쾌한 남불 사람 샤를 크로[1842-1888], 혹은 또 트리스탕 코르비에르[1845-1875](그의 《황색의 사랑》(1873)은 여기에 그 이름을 들어둘 만한 가치가 있다).

데카당스가 남긴 단 하나의 위대한 이름은—그러나 사실은 데카당스 현상 그 자체의 테두리 밖에 있었지만—어디까지나 쥘 라포르그(1860-1887)의 그것이다.

몬테비데오에서 태어나 병에 잠식되어 스물일곱에 세상을 떠나게 된 그는 자기 작품에서 지성적이며 민감하고 진지하게 새로운 "세기병"을 다른 누구보다도 잘 밝혔다. 그는《한탄가》를 시작하면서 이렇게 썼다. "나는 어떤 대가를 치르고라도 독창적인 것을 만들겠다는 단 하나의 목적으로 색다른 소시小詩들을 쓴다." 과연 그의《성모 **달** 성범聖範Imitations de Notre Dame la Lune》(1886)이나《대지의 흐느낌》(사후 출판, 1901)은 유머도 독창성도 부족하지 않다. 이 쇠약한 페시미스트는 스스로의 병과 자기 시대의 그것을 말하는 데 필요한 새로운 말과 리듬을 자신의 한탄 어린 노래를 통해 발견할 수 있었다. 그가 택한 미학적 자유, 서슴지 않고 감행한 시적 "방종"은 후에 데스노스[쉬르레알리슴 시인, 1900-1945]의 경우가 그랬듯이 그에게 있어서 "때 묻은" 한 세계의 역겨움과 고민하는 자기 영혼의 망집들을 환기하고 또 살풀이 하는 가장 좋은 수단이었다.

자기들의 엉뚱함과 여러 차이에 의해 해체되어 버린 데카당파의 혼란에 이어 1885년경부터 상징파의 "반동"이 온다. 그러나 데카당스와 데카당파라는 말과 마찬가지로 상징과 상징파라는 말도 여러 가지 해석이 가능하며, 매우 다양한 시적 개념과 실천을 덮어 가릴 뿐이다. 상징이라는 이 단 하나의 말만으로, 비니와 같은 시인과 말라르메와 같은 시인이 서로 뚜렷이 다르게 쓰는 그 용법을 반드시 깨닫지는 못할 신봉자들 사이에 얼마나 많은 혼란이 야기될 것인가! 이 후자[말라르메]는 곧 얼마나 많은 이해의 결핍과 오해와 "배반"의 희생이 될 것이었던가!

이번에도 마찬가지로 유파나 그룹이라는 용어는 이 또 하나의 시적 개화를 말하는 데 타당치 않다. 《상징파Le Symboliste》(1886), 《펜La Plume》(1889), 《르 메르퀴르 드 프랑스Le Mercure de France》(1890), 《백색 평론La Revue blanche》(1891) 등 갖가지 잡지들은 또한 이 개화가 지니는 다양성과 여러 모순을 충분히 보여주고 있다. 실제로 1886년 9월 18일 모레아스가 《르 피가로》지紙에 발표한 〈상징주의 선언〉—거드름스런 플라톤주의 선언—을 모든 상징주의 시인들이 인정했다고는 믿을 수 없다. 아니 어림도 없는 이야기이다. 그러나 다만 "교훈조, 미문조, 거짓된 감수성"에 대한 거부만은, 베를렌과 라포르그가 이미 개척해 놓은 기법 혁신에 대한 그의 욕망의 표현과 함께 만장일치로 받아들여졌으리라. "새로운 생명을 부여받은 오래된 운율법, 교묘하게 정돈된 혼란, 난해하면서도 거침없는 각운 옆에 황금과 청동의 방패처럼 빛나고 다듬어진 각운. 다양하고 이동하는 휴지arrêts를 가진 12음절 시구. 몇 가지 종류의 기수각의 사용."

이론가이면서 시인(《유사流砂》 1884, 《찬가》 1886)이기도 한 장 모레아스(1856-1910)를 수많은 사람들이, 게다가 때로는 데카당스에서 떠난 사람들이 둘러싼다. 둘 다 열렬한 말라르메 찬미자인 "미국인들" 스튜어트 메릴(1863-1915)과 비엘레-그리팽(1864-1937), 조심스러운 알베르 사맹(1858-1900), 벨기에인들인 에밀 베라렌(1855-1916)과 상징주의 연구(《펠레아스와 멜리장드》 1892)를 시도한 모리스 메테를랭크(1862-1949), 샤를 게랭(1873-1907), 앙리 드 레니에(1864-1936), 표현적인 시를 시도했으며 말라르메가 서문을 쓴 흥미로운 《언어론》(1886)의 저자 르네 길(1862-1925), 혹은 또 후에 클로델이나 생-존 페르스가 보다 훌륭하게 다루게 된 저 자유시vers libre의 창시자가 되려고 한 귀스타브 칸(1859-1936).

운동으로서의 상징주의는 그 지극히 잡다한 요소로 말미암아 데카당스와 마찬가지로 크게 세력을 얻지는 못한다. 그 증거로 1890년에 벌써 모레아스가 표변한다. 그는 이제 시의 방종이나 약점으로밖에 보이지 않는 것들을 포기하고, 고대나 고전주의의 위대한 모범들이 보여주는 엄밀과 절도로 돌아갈 것을 주장하게 된다. 이 역행의 길로 그를 따라오는 것은 1891년에 창설된 "로만파l'école romane" 문인들이다. 즉 레몽 드 라 타이에드[1867-1938], 에르네스트 레노[1864-1936], 모리스 뒤 플레시[1864-1924], 그리고 이론가이자 비평가인 샤를 모라스[1868-1952].

모레아스가 전향 후의 수법에 따라 여러 시편들(1899-1901)을 내놓게 되는 것은《스탕스[시절詩節]집》이라는 시사적인 제목으로서다. 실제로 이 시집은 보들레르 이후 줄곧 볼 수 있었던 시의 대비약에 제동을 건 것이다. 그러나 완전히 이론상에 불과한 제동이다. 사라져가는 세기의 퇴락한, 혹은 미라가 된 목소리의 그늘에서 이제 나타나기 시작한 세기의 목소리가 들려오기 때문이다. 클로델, 발레리, 페기, 프랑시스 잠, 레옹-폴 파르그…

제5장 자연주의의 소설에서 소설의 초자연주의로

I. 자연주의의 위기

소설 분야에 있어서 1850-1890년의 시기가 오로지 "사실주의적"이었다고 믿는다면 착각일 것이다. 이 기간을 통해 이상에 대한 향수가 특히 시 속으로 피신하고, 풍부한 꿈과 상상력의 세계가 특히 시 속에서 펼쳐졌음을 인정해야 한다 하더라도 플로베르와 졸라가 군림하는 이 시대에도 로망주의로부터 이어받은 내면주의적·심리적 경향이 집요하게 지속되고 있음을 또한 확인하지 않을 수 없다. 가령 E. 프로망탱(1820-1867)이 그렇다. 1863년에《도미니크》를 발표함으로써 그는 샤토브리앙과 B. 콩스탕 계열의 마지막 자전작가처럼 보인다. 비록 그의 내면파적 영감이 선배들보다는 억제되어 있으며 그의 문체도 규율 바르고 단정하여 조심스럽기까지 하지만 말이다. 가지각색이며 고르지 않은 고비노(1816-1882)의 소설 작품들도《아델라이드》·《이르누아양孃》과 같은 심리소설이건《플레이아드》(1874)라는 제목의 대여행담이건, 혹은 그의 걸작으로 남아있는 흥미로운《아시아 이야기》이건 모두 사실주의의 교훈에 대해 비슷한 무관심을 보이고 있다.

그러나 벌써 1885년부터 사실주의 및 자연주의 미학이 후퇴해 가는 것처럼 보이는 것은 외부로부터의 이의제기에 의한 공격 때문이라기보다는 몇몇 원래의 신봉자들에 의한 공격 때문이다. 이 점에서 1887년은 결정적인 해인 것 같다. 〈자연주의의 파산〉에 관한 브륀티에르[1849-1906]의 논문 발표와 때를 같이하여 "졸라 일당"—메당의 밤의 열렬하고도 부지런한 제자들을 가리킨다—은 점차 쇠퇴해 가고 분열하게 된다.《대지大地》가 발표되자 이 소설에서 그들의 스승이 "오물 속으로 빠져들어 갔다"고 하여 분개한 로니[1856-1940], 데카브[1861-1949], 마르그리트[1860-1918], 본탱[1858-1896], 그리고 기슈[1860-1935] 등 "메당파" 다섯 사람이 "반란"을 일으켜, 획기적인 것으로 되는 고발 〈오인선언五人宣言〉을 발표한다.

사실을 말하면, 이 선언은 3년 전 가장 충실한 제자

의 하나였던 J. K. 위스망스(1848-1902)의 "배반"으로 인한 충격에 비하면 그렇게 큰 슬픔을 졸라에게 주지는 못한다. 모든 자연주의 이론에 열광적으로 찬동하여, 우선 이 유파의 원리를 가장 엄격하게 준수한 세 편의 소설 《바타르 자매》, 《살림살이》, 《물결 따라》를 썼던 그 위스망스가 실제로 1884년 졸라에게 용서할 수 없다고 판단된 소설, 《거꾸로》를 발표하고 말았던 것이다. 사실 《선술집》의 저자로서 이 소설과 그 주인공 데 제생트—M. 퓌마롤리가 매우 적절히 쓰고 있듯이, 이를테면 "르네의 수상한 사촌이고 보들레르와 바르베[도르비이]의 열렬한 찬미자이며, 객관적 현실의 기만을 비방하고 스스로의 환각을 사랑하며 더없이 괴상한 인공 수단人工手段의 수집자"—를 어떻게 용납할 수 있었겠는가? 1903년에야 덧붙인 대단히 재미있는 〈서문〉에서 위스망스는 자연주의의 과잉에 대한 완전한 패러디인 그의 소설과 데카당적인 삶과 수사법의 화신인 그 등장인물들을, 악순환에서 벗어나 다른 길을 찾으려는 욕구를 나타낸 것이라고 변호하게 된다.

> 자연주의는 매양 같은 테두리 안에서 맷돌을 돌리느라 헐떡거리고 있었다. 각자가 자기 자신과 타인들에게서

> 꺼내어 축적해 놓은 관찰의 총량도 동이 나기 시작하고 있었다. (…) 우리는 자연주의가 막다른 골목에 다다른 것이 아닌가, 머지않아 막장의 담벼락에 부딪치는 것이 아닌가 생각해 보아야 했다.

방금 위스망스가 근본적으로 이의제기를 한 것은 소설 실험형식으로서의 자연주의의 지상권至上權에 대해서였다. 그에게는 소설 장르가 자칫 파묻힐 위험이 있는 두껍고 딱딱한 벽을 다른 어떤 소설이 다른 여러 형식에 의해 깨뜨려 부술 수 있고, 또 부숴야 하는 것이었다. 그는 다음과 같이 덧붙였다.

> 졸라가 이해할 수 없는 것이 여러 가지가 있었다. 우선, 창문을 열고 이 숨 막히는 환경으로부터 도망가고 싶어 했던 나의 욕구이며, 다음으로 여러 편견을 떨쳐버리고 소설의 한계를 깨뜨려 예술과 과학과 역사를 거기에 도입시키려는, 한마디로 보다 진지한 작업들을 끼워 넣기 위한 하나의 틀과 같은 것으로만 이 형식을 사용하려는 나의 집념 어린 욕망이다.

위스망스 개인을 놓고 볼 때, 혁신은 그의 "개종"과

신비주의로부터 연유하게 될것이며, 바로 거기서부터 그는《저곳》,《출발》,《대성당》,《헌신자獻身者》라는 때로 열렬한 서정성을 지닌 소설들의 영감을 얻게 되리라. 아무튼 이제 돌파구는 열린 것이다. 다른 사람들도 그와 같이 "어떤 댓가를 치르더라도 새로운 것을 만들"려고 하고 있었거나 머지않아 만들 수 있게 될 것이었다.

II. 초자연주의의 여러 시도

소설은 형식으로서도 어떤 사상의 지주로서도 이의제기를 받아 이미 그 성시를 넘겼음에도 불구하고 마지막 사반세기에 있어서도 여전히 풍요로운 장르이다. 그러나 주목할 것은 사실주의와 자연주의의 개념 체계에 뚜렷이 생긴 균열이 단순한 형식 면에 대해서도 상관작용을 일으킨다는 사실이다. 중편소설nouvelle, 단편소설conte, 자유로운 이야기libre récit가 영감의 되살아남과 함께 이미 30년 전부터 바로 장편소설roman에 의해 빼앗겨 온 지위를 되찾는 것이다. 그것은 아마도 몇몇 작가들의 때 아닌 사상과 영감이 스스로를 보다 훌륭하게 표현하기 위해 역시 때 아닌 형식을 필요로 했기 때문이다.

이러한 이의제기자들의 최전열에 서있는 사람으로서 바르베 도르비이(1808-1889)의 이름을 들어야 한다. 나이 예순 살에야(!) 성공을 거두었다는 사실은 이 작가의 특성 가운데에서도 사소한 것이 아니다. 유명한 당디이며 나이가 들어 비타협적인 가톨릭교로 다시 개종한 그는 실증주의와 물질주의의 "교황들"과 맞서 보들레르의 편에 내기를 건 최초의 한 사람이었다. 시대와는 동떨어진 사상으로 무장한 이 격렬한 논전가論戰家는 졸라의 이론을 세차게 비난하고 그 지나침을 풍자하고, 그것과는 반대되는 원리라고 믿는 상상력의 복권을 스스로의 의무로 삼았다. 그는《마술에 걸린 여자》(1854)의 서문에서 이렇게 썼다.

> 조망이 나타나 보이고 인간의 성격과 풍속이 어디까지나 그 특징과 함께 하고 있으며 상상력이 말 없는 기억을 향해 "바로 그렇다!"라고 말해주기만 한다면, 사실들의 정확하고 *점찍기와 같으며* 세밀한 진실 따위가 무슨 상관이냐.

이 상상력을 그는 몸소《기사騎士 데 투슈》(1864) 같은 "역행적逆行的"인 역사소설에도 사용하지만, 특히 악마적인 초자연을 이해하고 환기하는 도구로 이용했다. 그가 1874년《악마와 같은 여인들》이라는 제목으로 묶어낸 충격적인 중편[및 단편]집에는 바로 이 악마적인 초자연이 넘쳐흐른다. 종종 독자들을 사로잡고 가끔은 너무 소박하면서도 언제나 놀라운 이들 "이야기"의 여주인공들이 모두 악마에 들려있는 사람들이라 때로는 잊히기 쉬운 사실이지만, 바르베는 위스망스가 "현대의 교회문학"이라 부른 분야에 있어서도 또한 대가의 한 사람이었다. 위스망스는 이렇게 덧붙였다.

> 예술가라는 말을 순수한 의미로 사용한다면, 그야말로 이 시대의 가톨릭교가 배출한 단 하나의 예술가였다. (…) 그의 대담함은 교회지기 패거리들로 하여금 아우성치게 했으며, 폭발하듯 맹렬한 그의 문장은 이 패거리들을 격분시키곤 했다.

바르베의 이러한 지위에 대해 이의를 제기함이 없이, 그의 개성에 가깝다고 할 수 있는 것은 또 하나의 엄격한 정통 왕조파이자 가톨릭교도이며, 이 역시 "초자연주의"의 소설가인 빌리에 드 릴라당(1838-1889)의 개성이다. 유서 깊지만 몰락한 귀족가문의 후예인 빌리에는 바르베 못지않게, 그가 이해할 수 없는 민주주의와 미워할 수밖에 없는 부르주아적 실증주의에 맞서 투쟁을 벌인 사도였다. 극작의 시도에서는 실패했으나 소설가로서의 문필로 그는 보다 많은 보상을 얻을 수 있었다. 1887년에 발간된 《트리빌라 보노메》(가소로운 "생리학 교수 유자격자"가 오래된 귀족의 요지부동한 확신으로 강화된 이 작가의 가시 돋친 빈정거림 앞에 제물이 되어있다)에서 그는 19세기 부르주아에 대한 가장 격렬한 풍자와 돈의 지배 및 과학의 "사기"에 대한 가장 신랄한 고발을 보여주었다. 또한 빌리에가 환상 소설contes fantastiques(《잔혹한 이야기》 1883, 《신新잔혹한 이야기》 1883)과 신비 소설nouvelles mystérieuses(《엉뚱한 이야기》 1888)에 있어서 프랑스의 가장 훌륭한 작가의 한 사람이기도 한 것은 아마도 그가 사실주의에 대한 가차 없는 험구가였기 때문이리라. 이들 작품에는 "상징"의 해독자로서의 보들레르와 "서스펜스" 문학의 테크니션으로서의 에드거 포[1809-1849]에 대한 이중의 찬사가 어려있다.

이 두 큰 이름에 레옹 블루아(1846-1917)의 이름을 첨가하자. 그는 이 두 사람과 더불어 이 세기말의 가톨릭 작가이자 논전 작가의 괴상한 트리오를 형성한다. 격렬한 웅변과 L. 뵈이요[가톨릭의 문학가·논설가, 1813-1883]

와 E. 엘로[가톨릭의 사상가·작가. 1828-1885]와 같은 기질을 가진 이 위대한 팸플릿 작가pamphlétaire는 우리에게 두 편의 "실화實話" 소설 《절망자》(1886)와 《가난한 여인》(1897)을 남겼다. 여기서는 고뇌의 지옥이 바르베의 악마적인 지옥과 빌리에의 신비학神秘學의 비법秘法을 대신하고 있다. 작가는 여기서 "이 세상의 모든 반항자들, 환멸을 맛본 모든 사람들, 소원을 이루지 못한 모든 사람들, 지옥에 떨어진 모든 사람들과 애타는 마음을 함께"하고자 한 것이다.

결론

위대한 논쟁의 시대 18세기는 "개방된" 문학 형식을 수없이 만들어냄으로써 특히 사상 빛 철학적 신문의 세기였다. 그 대신 고전비극은 인습의 형해形骸로만 남았고, 시는 거의 살롱의 쓸데없는 유희로 되어버렸으며, 소설은 아직 그 자율성도 고유의 형태도 찾아내지 못했다. 이 선행 세기에 비해 논쟁보다는 위대한 의사표시의 시대 19세기는 모든 문학 형식이 일제히 꽃핀 시기처럼 보인다. 우선 시는 16세기 이래 우리 역사에서 가장 중요한—혁명이라고는 말하지 않는다 하더라도—발전을 기록한다. 이의제기자로서의 로망주의자들에 의해 형식과 영감 양면에서 해방된 시는 보들레르 이후, 파르나스파의 반동에도 불구하고, 감성의 깊이를 표현하고 어떤 매혹적인 "초현실성"을 예감하는 최상의 수단이 된다. 한편 소설은 완전한 성숙을 이룬다. 이는 역사적·사회적 제 조건으로 인하여 이 세기의 대장르이다. 로망주의자들에 있어서는 개인적 및 역사적이며, 발자크, 스탕달, 그리고 플로베르에 와서는 사실주의적이며, 졸라와 그의 친구들에 이르러서는 사회적 및 자연주의적이며, 게다가 이상주의적·환상적·초자연주의적인, 한마디로 변화무쌍했던 소설은 **현실**을 보여주고, **세계**를 그리고, **역사**를 이야기하는 데 완전히 성공했다고 할 수 있으리라. 연극은 분명 **위대한 세기**[17세기]의 그것에 비교될 만한 영광의 시기를 갖지 못했지만, 이 또한 로망주의자들의 인상 깊은 여러 극적 실현을 통해 해방되었으며, 게다가 몇몇 상징주의자들의 자극을 받아 20세기 초의 큰 변모를 준비했다고 할 수 있으리라. 끝으로 역사와 문학비평도 이 세기의 풍산豊産에 끊임없이, 그리고 유효하게 참가하여 일관성 있고 엄밀한 연구 분야 및 장르로서의 지위에 도달했다.

1890년에서 1900년에 걸쳐 새로운 얼굴들, 그리고 새로운 목소리들이 나타난다. 《황금의 머리》에서의 폴 클로델의 목소리, 《장 상퇴유》에서의 마르셀 프루스트의 목소리, 《위뷔 왕》에서의 알프레드 자리의 목소리, 《지상의 양식》에서의 앙드레 지드의 목소리, 또한 막스

자코브, 기욤 아폴리네르와 다른 여러 사람들의 그것이다. 이 모든 목소리는 반드시 단절의 그것은 아니라 하더라도 이미 다른 시대, 곧 우리 시대의 목소리이다.

약서지

1. 로망주의의 정신과 주장에 관하여

A. Béguin, *L'âme romantique et rêve*, José Corti, 1946.

P. Moreau, *Le romantisme*, Del Duca, 1957.

P. Van Tieghem, *Le romantisme dans la littérature européenne*, A. Michel, 1969.

H. Peyre, *Qu'est-ce que le romantisme?*, PUF, 1971.

J.-P. Richard, *Etudes sur le romantisme*, Seuil, 1971.

M. Lioure, *Le drame*, A. Colin, 1963.

G. Poulet, *Benjamin Constant par lui-même*, Seuil, 1968.

P. Barbéris, *René, un nouveau roman*, Larousse, 1973.

______, *Chateaubriand; à la recherche d'une écriture*, Mame, 1977.

P. Bénichou, *Le temps des prophètes*, Gallimard, 1977

2. 로망주의의 시에 관하여

R. Sabatier, *La poésie du XIXe siécle*, t. 1, A. Michel, 1977.

D. Rincé, *La poésie française du XIXe siécle*, PUF, 1977.

M.-F. Guyard, *Lamartine*, Ed. Universitaire, 1956.

P. Van Tieghem, *Musset*, Hatier, 1967.

P. G. Castex, *Vigny*, Hatier, 1952.

H. Guillemin, *Victor Hugo par lui-même*, Seuil, 1951.

P. Albouy, *La création mythologique chez Victor Hugo*, José Corti, 1963.

R. Jean, *Nerval par lui-même*, Seuil, 1964.

J. Richer, *Gérard de Nerval*, Seghers, 1972.

P. Gascar, *Gérard de Nerval et son temps*, Gallimard, 1981.

3. 1850년 이전의 소설에 관하여

M. Raimond, *Le roman depuis la révolution*, A. Colin, 1967.

G. Lukacs, *Le roman historique*, Payot, 1965.

M. Bardèche, *Balzac romancier*, Plon, 1940.

G. Picon, *Balzac par lui-même*, Seuil, 1969.

P. Barbéris, *Balzac et le mal du siécle*, Gallimard, 1970.

G. Blin, *Stendhal et les problèmes du roman*, José Corti, 1954.

G. Durand, *Le décor mysthique de la Chartreuse de Parme*, José Corti, 1961.

P. Salomon, *Sand*, Hatier, 1959.

M. Crouzet, *Stendhal et le langage*, Gallimard, 1981.

4. 1850년 이후의 시에 관하여

M. Raymond, *De Baudelaire au surréalisme*, José Corti, 1940.

H. Lemaitre, *La poésie depuis Baudelaire*, A. Colin, 1965.

J.-P Richard, *Poésie et profondeur*, Seuil, 1955.

R. Sabatier, *La poésie du XIXe siécle*, t. 2, A. Michel, 1977.

P. Flottes, *Leconte de Lisle*, Hatier, 1954.

G. Blin, *Baudelaire*, Gallimard, 1939.

J.-P. Sartre, *Baudelaire*, Gallimard, 1947.

M. Blanchot, *Lautréamont et Sade*, 10/18, 1967.

J. Lefrère, *Le visage de Lautréamont*, P. Horay, 1977.

Y. Bonnefoy, *Rimbaud*, Seuil, 1967.

R. Etiemble, *Le mythe de Rimbaud*, Gallimard, 1961.

J. Plessen, *Promenade et poésie: l'expérience de ta marche et du mouvement dans l'œuvre de Rimbaud*, La Haye: Mouton, 1967.

A. Adam, *Verlaine*, Hatier, 1953.

O. Nadal, *Paul Verlaine*, Mercure de France, 1961.

C. Mauron, *Mallarmé l'obscur*, José Corti, 1968.

J.-P. Richard, *L'univers imaginaire de Mallarmé*, Seuil, 1962.

H. Peyre, *Qu'est-ce que le symbolisme?*, PUF, 1974.

G. Michaud, *Message poétique du symbolisme*, Nizet, 1947.

N. Richard, *Le mouvement décadent*, Nizet, 1968.

H. Friedrich, *Structures de la poésie moderne*, Denoël-Gonthier, 1976

J.-Pierre Giusto, *Rimbaud créateur*, PUF, 1980.

G. Poulet, *La poésie éclatée*, PUF, 1980.

P. Petitfils, *Veralaine*, Julliard, 1981.

P. Bénichou, *Selon Mallarmé*, Gallimard, 1995.

5. 1850년 이후의 소설에 관하여

R. Dumesnil, *Le réalisme et le naturalisme*, Del Duca, 1965.

J.-P. Richard, *Littérature et sensation*, Seuil, 1954.

J.-P. Sartre, *L'idiot de la famille*, Gallimard, 1971.

G. Bollême, *La leçon de Flaubert*, «10/18», 1972.

R. Ricatte, *La création romanesque chez les Goncourt*, A. Colin, 1953.

J. Borie, *Zola et les mythes*, Seuil, 1971.

A. de Lattre, *Le réalisme selon Zola*, PUF, 1975.

A. Vial, *G. de Maupassant et l'art du roman*, Nizet, 1954.

P. G. Castex, *Le conte fantastique en France de Nodier à Maupassant*, José Corti, 1951.

P. Cogny, *Huysmans à la recherche de l'unité*, Nizet, 1953.

M. Raimond, *La crise du roman, des lendemains du naturalisme aux années vingt*, José Corti, 1967.

H. Mitterand, *Le discours du roman*, PUF, 1980.

6. 세기의 역사와 비평에 관하여

R. Fayolle, *La critique*, A. Colin, 1964.

P. Moreau, *La critique littéraire en France*, A. Colin, 1960.

M. Regard, *Sainte-Beuve*, Hatier, 1960.

R. Barthes, *Michelet par lui-même*, Seuil, 1954.

P. Van Tieghem, *Renan*, Hachette, 1968.

M. Leroy, *Histoire des idées socials en France de Babeuf à Tocqueville*, Gallimard, 1950.

M. Ambrière (dir.), *Précis de littérature française du XIXe siècle*, PUF, 1990.

1985년 초판 역자 후기

이 책은 Dominique Rincé, *La littérature française du XIX*^{e} *siècle*, coll. Que sais-je?, Presses de Universitaire de France, 1978를 전역全譯한 것이다.

저자 도미니크 랭세(1950년 생)는 프랑스 고등사범학교高等師範學校 출신의 문학文學 "교수자격자敎授資格者"agrégé로 근래 활발한 저작 활동을 계속하고 있는 19세기 문학의 전문가이다. 이 책 외에 필자가 접할 수 있었던 편編·저서著書만으로도 다음과 같은 것들이 있다.

La poésie française du XIXe *siécle*, coll. Que sais-je?, PUF, 1977.

Textes français et histoire littéraire, XIXe *siècle*, F. Nathan, 1980.

Baudelaire: Les Feurs du Mal et autres écrits, F. Nathan, 1983.

Baudelaire et la modernité poétique, coll. Que sais-je?, PUF, 1984.

이 책의 의도나 목적은 저자 스스로 〈서론序論〉에서 밝히고 있듯이 프랑스 19세기 문학의 "큰 흐름의 줄기를 존중하면서도, 작가 하나하나를 역사의 어떤 세계와 어떤 순간에 직면한 각자의 입장의 독자성에서 파악"하고, "작가들은 그들의 재능의 내부와 그들의 언술言述 discours의 고독 속에서 그 세계와 그 역사를 어떻게 보았고 어떻게 살았으며, 어떻게 이해하고 기술하였을까"를 살펴보려는 데 있다. 그것은 다시 말하여, 이 세기 작가들 개개의 극히 다양한 **시도**試圖나 **실험**實驗을, 요컨대 **역사** 속에서의 **자기동일성**의 상실 · **자아**自我와 세계의 대립으로부터 **자기동일성**의 회복 · **자아**自我의 전적인 해방으로의 고통에 찬 도정道程이라는 하나의 총체로서 이해하려는 데 있다고 할 수 있다. 저자 랭세는 특히 1960년대 이후의 새로운 문학 연구 · 비평의 성과를 십분 흡수 · 활용하면서 바로 이러한 총체적 파악 또는 통일적 시점視點에 의해, 로망주의 · 사실주의 · 자연주의 · 상징주의 등등의 낱말들이 단적으로 말하듯, 갖가지 운동의 유파, 그리고 모든 문학 장르와 형식이 "일제히 꽃핀" 이 시대 문학 전반에 대한 명쾌하고 수미일관한 서술에 성공하고 있다. 우리는 이 책이 프랑스 19세기 문학의 가장 새로운 개관서로서 그 가치와 의의를 충분히 갖추고 있다고 믿는다.

그러나 문고본의 제한된 지면이라는 부득이한 이유로 말미암아 때로 설명이나 분석이 너무 간략하거나 불충분하다고 느껴지는 부분들이 없지 않다. 이 점은 가령 시詩의 분야에 있어서는 같은 저자의《프랑스 19세기世紀 시詩》(고대 출판부 근간)로 보충할 수 있으며, 다른 장르의 사항들에 대해서는 책 말미의 약서지略書誌가 좋은 길잡이로 될 것이다. 또한 원서에는 없는 두 가지 색인索引을 붙여놓은 것은 이들 색인이 작가·작품들의 원명과 그 우리말 표기를 대조하기 위해서만 아니라, 저자가 각 작가의 어떤 작품에 특히 주목하고 있는가를 알아보는 데 편리하며, 그럼으로써 저자의 의도를 보다 선명히 이해하는 데 다소라도 독자의 도움이 되리라 생각했기 때문이다.

프랑스의 학술·비평 서적에서 흔히 볼 수 있는 각종 인용문이나 작품 간행 연도 등의 오기誤記는 이 책에 있어서도 예외는 아니다. 저자의 오기나 잘못이 발견될 때마다 이를 수정하고, 저자가 사용한 텍스트 자체에 문제가 있을 경우에는 다른 여러 판본들과 대조하여 보다 정확·타당하다고 판단되는 텍스트에 따라 우리말로 옮겼으며, 불충분하다고 생각되는점들은 다른 역주譯註와 마찬가지로 [ ] 안에 간단한 보충의 주註를 달아 놓았다. 그러나 몇몇 인용문에 대해서는 유감스럽게도 그 원전原典을 직접 대조하지 못한 채 그대로 옮길 수밖에 없었으며, 연대 또한 확인 못한 채 저자에 따르기로 한 것들이 있다. 번역 기타 미비한 점과 아울러 후일 확인·수정할 수 있기를 바란다.

번역에 있어서 일어 번역본을 유익하게 참고할 수 있었음을 밝히고 역자 가토 다미오加藤民男 교수敎授에게 감사한다. 우리가 상기上記《프랑스 19세기世紀 시詩》와 이 책의 번역을 계획하고 작업을 시작한 것은 1982년 초였으나, 주로 필자의 사정으로 이토록 발간이 지연되었다. 오랫동안 기다려 주시고 함께 수고해 주신 고대 출판부의 여러분에게, 그리고 색인 작성에 노고가 많았던 대학원 학생 김선경 양에게 감사한다.

1985년 1월

강성욱 康星旭

개정판을 내며

강성욱 선생님(이 존경의 표현을 용서해 주기 바란다)이 돌아가신 지 벌써 3년이 지났다. 이 책을 처음 번역할 때, 선생님은 다른 두 사람의 역자를 이끌고 지도하셨다. 뒤에 남은 역자들은 큰 슬픔 속에서 이 개정판을 준비한다.

이 개정판에서 개정된 부분은 많지 않다. 무엇보다도 선생님의 학문적 진지성과 염결성이 깃들어 있는 문장들의 조직을 바꾼다는 것은 매우 어려운 일일 뿐만 아니라 마음 내키지 않는 일이었기 때문이다.

많은 한자들을 한글로 바꾸었다. 이는 어쩔 수 없이 시대의 추세에 따른 것이지만, 한자어를 한글로만 읽어 그 뜻을 파악할 수 있는 일반의 독서능력이 그만큼 향상되었다는 생각에서 위안을 얻기도 했다. 이와 함께 초판에서 역자들이 독자적으로 개발하여 사용하였던 외래어 표기법을 포기하고 문화관광부 외래어 표기안을 준수하였으며, 몇 가지 낡은 어구들을 읽기 쉬운 '현대어'

로 바꾸었다. 이 역시 시대의 추세를 따른 것이다.

서양어로 된 문학 관련 서적을 번역·출판할 때 늘 문제가 되는 것은 이탤릭체와 대문자로 표기된 낱말들의 처리이다. 초판에서는 여러 가지 문장 기호와 방점 등을 사용하여 이를 반영하려 하였으나 이 부호들은 시각적으로 번잡할 뿐만 아니라 그 효과 또한 의심스러웠다. 개정판에서는 우선 원문의 이탤릭체를 그와 대응하는 한글 사체로 표기하였다. 또한 의인화 등을 목적으로 두 문자를 대문자로 사용한 낱말들의 경우 지문과 구별되는 특별한 글꼴로 표기하고, 고유명사들에도 같은 글꼴을 부여함으로써, 그 종류의 낱말들이 텍스트에서 같은 자격을 지니고 있음을 표시하였다. 이 해결책은 분명 모험에 해당하지만 기존 출판물에 이와 유사한 사례가 없지 않았다는 점에서 용기를 얻는다.

초판의 역자 후기에서도 밝혔듯이, 역자들은 원 텍스트의 각종 인용문이나 간행연도 등에서 오기나 오식이 발견될 때마다 이를 수정하였으나, 그 원전을 직접 대조하지 못한 인용문이나 확인하지 못한 연대들이 없지 않았다. 이를 번역상의 기타 미비한 점과 아울러 후일 보완·수정하기로 약속하였으나, 이 개정판에서도 그 약속이 완전히 지켜지지 않았다. 선생님의 영전에서건 독자들을 마주해서건 다시 후일을 기약하는 마음이 가볍지 않다.

2007년 9월

이준섭

황현산

찾아보기

찾아보기는 인명(작중인물 포함)과 책·작품명 등의 두 종류로 각기 가나다순으로 배열하였다.

인명 중 작중인물의 경우에는 '이름'을 표제어로 하여 실었다.

인명

ㄱ

ㅍ

책 · 작품 · 신문 · 잡지

프랑스 19세기 문학

초판 발행 1985년 3월 5일
개정판 1쇄 2021년 2월 25일

지은이 도미니크 랭세
옮긴이 강성욱·이준섭·황현산

펴낸곳 고려대학교출판문화원
www.kupress.com
kupress@korea.ac.kr
(02841) 서울특별시 성북구 안암로 145
Tel 02-3290-4230, 4232
Fax 02-923-6311

북디자인 오진경
찍은곳 네오프린텍(주)

ISBN 979-11-90205-57-3 92860
값 14,000원
※ 잘못 만들어진 책은 바꿔 드립니다.